国家社会科学基金"十二五"规划2011年度教育学重点课题
"中小学生学科能力表现研究"（AHA110005）

学科核心素养丛书

国家出版基金项目
NATIONAL PUBLICATION FOUNDATION

丛书主编：王 磊

基于学生核心素养的语文学科能力研究

JIYU XUESHENG HEXIN SUYANG DE YUWEN XUEKE NENGLI YANJIU

郑国民 关惠文 任 刚 等著

北京师范大学未来教育高精尖创新中心成果

U0646226

语文

北京师范大学出版集团
BEIJING NORMAL UNIVERSITY PUBLISHING GROUP
北京师范大学出版社

图书在版编目(CIP)数据

基于学生核心素养的语文学科能力研究 / 郑国民等著. —
北京：北京师范大学出版社，2017.12(2025.7重印)
(学科核心素养丛书/王磊主编)
ISBN 978-7-303-22515-6

Ⅰ. ①基⋯ Ⅱ. ①郑⋯ Ⅲ. ①中学语文课－教学研究
Ⅳ. ①G633.302

中国版本图书馆 CIP 数据核字(2017)第 145060 号

出版发行：北京师范大学出版社 https://www.bnupg.com
　　　　　北京市西城区新街口外大街 12-3 号
　　　　　邮政编码：100088
印　　刷：北京盛通印刷股份有限公司
经　　销：全国新华书店
开　　本：787 mm×1092 mm　1/16
印　　张：14.5
字　　数：300 千字
版　　次：2017 年 12 月第 1 版
印　　次：2025 年 7 月第 7 次印刷
定　　价：32.00 元

策划编辑：邓丽平　　　　　　责任编辑：李　克
美术编辑：王　蕊　　　　　　装帧设计：楠竹文化
责任校对：陈　民　　　　　　责任印制：孙文凯

学生发展核心素养在学科领域中具体化为学科核心素养,学科核心素养是指学科教育给予学生未来发展所需要的关键能力和必备品格。其实质是学生顺利完成学习理解、应用实践和迁移创新的学科认识活动和问题解决活动的稳定的心理调节机制,即学生的学科能力。由此可以看到,基于学习理解、应用实践和迁移创新的学科能力既是学生发展核心素养和学科核心素养的共同要求,也是贯通不同学科领域核心素养的关键能力要求。

国内近 20 年的基础教育课程改革,通过学科课程标准和中高考考试大纲等重要文件提出了新课程背景下的学科核心素养和关键能力培养的要求。2010 年颁布的《国家中长期教育改革和发展规划纲要(2010—2020 年)》中指出基础教育阶段要提高基础教育的质量,要求着力培养学生的学习能力、创新能力和实践能力。而国际上,以美国为例,自 20 世纪 90 年代初期出台了一系列旨在提高学生基本读写能力和科学素养的重要文件之后,这 20 年更多地聚焦在学科核心概念发展、核心学科能力表现的标准和评价方面,如《美国中小学生学科能力表现标准》(*Performance Standards*)《美国统一州核心课程标准(草案)》(*Common Core Standards*),以及"国际数学与科学教育成就趋势调查"(The Trends in International Mathematics and Science Study,TIMSS)和"国际学生能力评估项目"(Program for International Student Assessment,PISA)等大型国际测评都对包括数学、英语和科学等核心学科领域的能力表现提出了系统的标准和要求。中小学生目前在核心学科能力,特别是学习、实践和创新导向的学科能力方面的发展状况是怎样的?存在哪些重要问题?面对这些问题应该采取什么对策?这些都迫切需要开展对于学生学科能力表现的研究。

学科教育是实现上述培养目标的基本途径,学科教育的核心宗旨是培养中小学生的人文和科学素养,而相应的学科能力则是人文和科学素养的核心构成,所以对中小学生学科能力表现进行深入系统的研究是基础教育素质教育改革的需要。国内外的正规教育体系都是基于学科课程教学的。学科课程的目标、内容、水平要求的设定,教材内容选取、组织及其呈现表达的设计,学科课堂教学的教学内容和教学过程方法的设计,以及学业水平考试评价设计等,都与我们对中小学生学科能力的构成、形成阶段、发展水平及其影响因素等的研究和认识程度密切相关。长期以来,一方面学术界比较强调学生发展,但是到底应该发展学生什么,经常与学科课程教学体系相脱节,所以无法真正转化为有效地促进学生发展的学科课程及教学实践;另一方面实践界早期比较依赖具体学科知识技能的传授,后来虽然强调培养能力,但缺少对学科能力的系统深入认识;再者,学科学业水平的考试评价近年来十分重视能力立意,但是始终缺少对学科能力的构成及其表现的系统刻画。因此,针对中小学生的学科能力表现进行系统研究有助于将以促进学生发展为核心的教育理念落实到具体课程、教学和考试评价实践中。

综上所述,学生学科能力表现的研究具有非常重要的课程论、教学论、学习论和评价理论的学术研究价值和全面实施素质教育、促进课程教材教学及评价改革实践的重要应用价值。

2011年,我们主持申报并成功获批了国家社科基金教育科学"十二五"规划重点课题"中小学生学科能力表现研究",组建北京师范大学的语文、数学、英语、政治、历史、地理、物理、化学、生物9大学科教育团队,协同首都师范大学和北京市海淀区、朝阳区、丰台区的骨干教师和教研员,开始了持续6年的研究与实践。

我们从学科能力的经验基础、思维机制、作用对象及其心智水平属性几个维度对各个学科能力的内涵构成、类型特征和外部表现进行了整体的研究;进而开发相应的测试工具评价不同学段、不同年级的学生在学习理解、应用实践和迁移创新等共通学科能力维度上的表现,以及在不同知识内容主题上的学科能力表现及其表现水平;并从学校(课程、管理),教学(教学取向、教学策略、教学活动),个人(性别、动机情感、认知活动、学习策略)等维度来研究影响学生学科能力表现的相关因素;进而,在以上基础理论研究和发展测评研究的成果基础之上,开展了基于人才培养模式、学校制度创新、学科课堂教学改进以及考试评价改革的促进学生学科能力发展的实践探索。

（一）基于核心素养的学科能力的系统构成和表现的理论研究

2011 年—2013 年，我们首先做的是学科能力的基础理论研究。我们试图基于学习理解、应用实践和迁移创新的学科能力活动，建立知识经验与能力表现的实质性联系，寻找可测评和可调控的能力要素，以贯通关联不同学科领域的学科能力，构建学习理解、应用实践和迁移创新导向的学科能力活动表现、内涵构成及其发展水平的多维整合模型①（见图1）。我们提出一系列非常重要的观点。

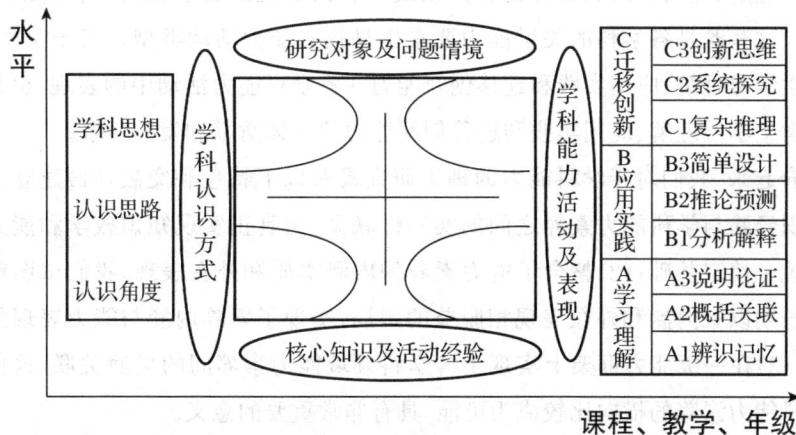

图 1　学科能力构成及其表现的理论模型（A1—C3 以化学学科二阶能力要素为例）

第一，基于能力的类化经验理论。我们提出学科能力是指个体能够顺利地完成特定的学科认识活动和问题解决任务的稳定的心理调节机制，具体包括定向调节机制和执行调节机制，明确知识经验在能力素养中的基础地位。

第二，我们提出学科认识方式是知识转化为能力素养的核心机制。我们认为光有知识和活动经验是不足以转化成能力和素养的，学科知识是学科能力素养的必要基础，但是不充分。学科知识需要经过从陈述性知识，到程序性知识，再到观念化的自觉主动认识方式，才可能变成学科核心素养的外在能力表现。

第三，我们认为学科能力活动是知识转化为能力素养的重要途径。学科素养是学生经过学科学习逐渐形成的面对陌生不确定问题情境所表现出来的关键能力

① 王磊．学科能力构成及其表现研究——基于学习理解、应用实践与迁移创新导向的多维整合模型[J]．教育研究，2016(9):83-92．

和必备品格。对应于知识经验的迁移创新能力表现水平,学科知识经过学习和理解,应用和实践,迁移和创新等关键能力活动,才能完成从具体知识到认识方式,从外部定向到独立操作再到自觉内化的转化过程。这是我们提出来的知识与学科能力和素养的重要理论关系。

北京师范大学各学科教育团队深入分析各学科学习理解、应用实践和迁移创新能力活动的特质和要素,综合归纳国内外课程标准、重要考试评价中的能力要素,概括出各自学科的学科能力二阶要素模型,也是学科能力活动表现框架。不同学科领域的学习理解、应用实践和迁移创新活动既具有共通性的要素也具有各自的学科特质要素。这些既是各学科的关键能力要素也是核心能力活动类型。对于学生而言,这是学生学习理解、应用实践和迁移创新能力在各学科能力活动中的表现,也是各学科对于学生学习理解、应用实践和迁移创新能力的具体贡献和发展要求。

综合起来,我们对于学科能力的理论研究具有以下特色和突破:(1)建立了学科核心知识经验与学科能力素养之间的实质性联系,为真正实现知识教学和能力培养的融合统一奠定基础;(2)整合了能力素养的内涵本质和外在表现,我们试图解决能力研究长期以来内涵和外在表现相脱节的困局,实现了素养内涵与能力表现的融合和整合;(3)在一级能力框架上实现了各学科领域能力素养间的贯通关联,这使得实现跨学科能力素养的横向比较成为可能,具有非常重要的意义。

(二)学科能力表现及发展水平的测量评价研究

从 2013 年开始,我们并展了对于学科能力表现及发展水平的测量评价研究。以多维学科能力素养理论模型为基础,我们制定了各学科的基于本学科核心知识内容和特定活动经验主题的学科能力的表现指标体系。每个学科都提炼了本学科不同学段的核心的知识内容主题和特定的活动经验主题,基于学科能力 3×3 框架进行交联,确立指标体系,这样就实现了把黑箱打开,来进行测评和调控。进而,我们进行了学科能力表现测试工具的研发,采用了最先进的国际通用的科学测试工具的研发程序。经过多年的研究,我们已经形成了自己的诊断评价策略,从命题规划、试题设计、评分标准制定,都有了一套能力素养指向的非常有实用价值的可操作性的策略和方法。

我们在 76 所学校完成了 11 万多学生样本和一千多教师样本的实测,获得了各个学科不同学段的学科能力表现的大数据。基于 Rasch 测量理论进行工具质量评估和修订,形成了一套高质量的学科能力表现测量诊断工具。也为参与测试的区域和学校提供了系列的学科能力表现的测评报告。在测试以后,各学科按国际通用规则,进行水平等级划定,第一次比较系统、全面、具体地划定了我们国家基础教育九个学科的学科能力表现及其发展现状的水平模型。同时我们研究概括得到了学生能力表现的水平变量(见图2)及其重要影响因素。

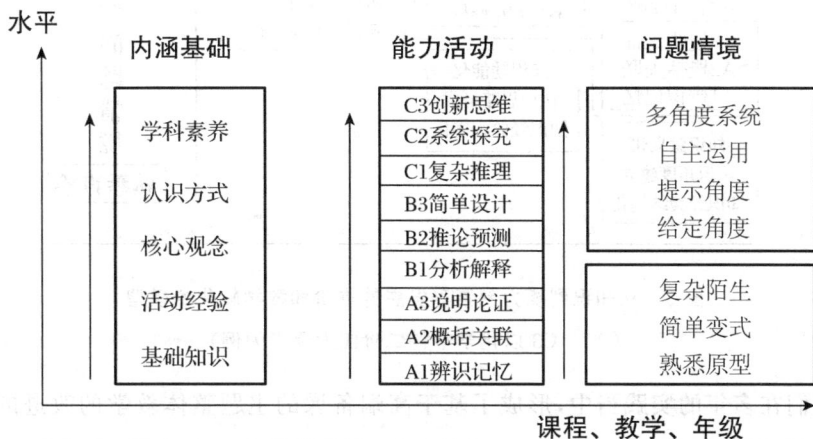

图2　学生学科能力表现的水平变量(A1—C3 以化学学科二阶能力要素为例)

应该说在学科能力的评价研究方面,我们实现了几个重要的突破。第一,基于现代测量理论和方法,超越了传统学业成就测试经验水平;第二,凸显与学科能力素养内涵的实质性联系和精准评价,对每个得分点编得准,说得清,解释得明了,实现与能力和素养的实质性关联和精准评价;第三,形成了一套核心素养导向的学科能力表现的测量评价的具体方法和策略,具有很强的可操作性。

(三)促进学生学科能力和核心素养发展的教学改进研究

从 2014 年开始,在理论研究和评价研究了解现状的研究基础之上,我们开始协同区域和学校开展教学改进的研究。我们团队亲自到学校和课堂,与老师进行高端备课、教学改进,形成了教学改进的重要理论和方法程序,揭示了从知识到能力到素养发展的进阶和教学转化的模型(见图3),也找到了教学改进的核心切入点——基于主题教学打通知识到素养的通道。我们也形成了既具有通用理论意义,又具有各学科特质的教学改进的具体理论。比如,化学学科的基于学生认识方式转变的认识发展教学理论,物理学科的基于学习进阶的教学设计理论,英语学科的分级阅读教学理论,语文学科的任务纵深型的理论,政治学科的活动型的理论等。

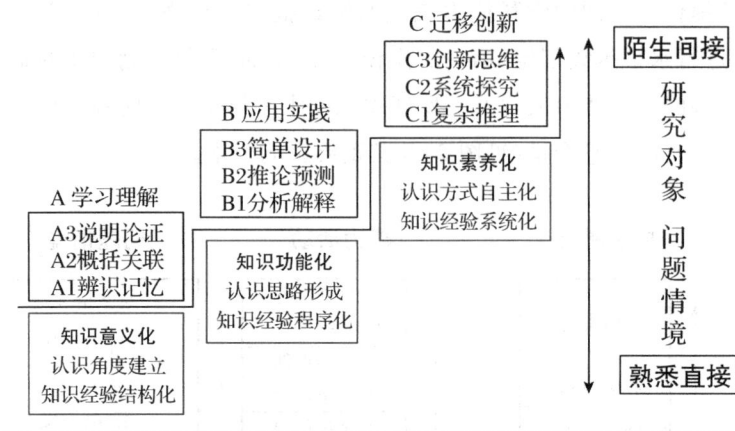

图 3　从知识到能力到素养发展的进阶和教学转化的模型

（A1—C3 以化学学科二阶能力要素为例）

　　我们在多年的实践当中，形成了基于高端备课的主题整体教学的改进的方法和程序（见图4）。从 2014 年至今，教学改进研究覆盖了 9 个学科、全学段，8 个区域，上百所学校，400 多名老师，形成了 600 多课时的教学改进案例，这些案例全部都是按照下图所示的改进流程和方法来做的，所以都是非常高水准的学科能力素养培养的教学案例资源。

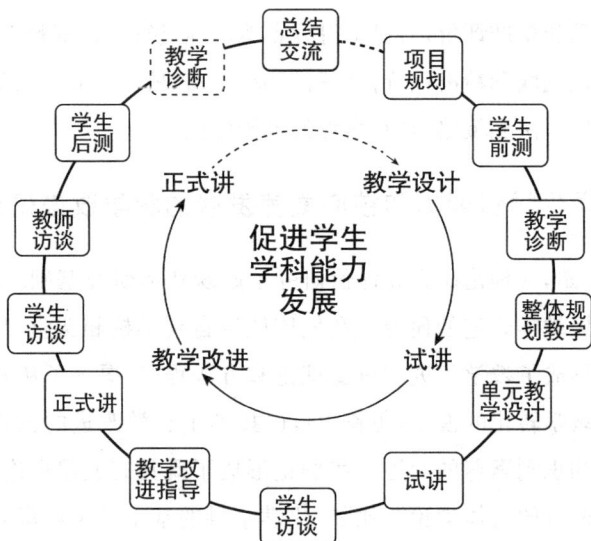

图 4　基于高端备课的主题整体教学的改进的方法和程序

　　总括起来,学科能力教学改进研究方面,我们一是实现了基于学生能力素养发展阶段的诊断评价作为实证,进行精准教学改进提升和突破;二是对于教师能力素养发展导向、教学设计与实施,基于高端备课模式进行全过程深入有效的指导,深受区域和学校的欢迎和好评。

　　在这些研究基础之上,2016 年开始,我们依托北京市教委和北京师范大学的未来教育高精尖创新中心,将整个学科能力研究成果进行了"互联网＋"的集成化和升级,促成了线下教育成果转化成"互联网＋"网络成果,全部实现系统化、集成化、精准化,这一成果的代表产品就是智慧学伴。我们在一年的时间内完成了初一、初二、初三 9 个学科的所有的智慧学伴的评、学、教的集成化建设,开发了 67 套高水准的总测,860 套微测,4 868 个体现能力素养的微教学资源。

　　我们也形成了与区域和学校的多样化协同创新实践模式,在基于高端备课主题整体改进的基础之上,体现学校教改特色的融合应用、区域学生学科能力素养发展水平评价、骨干教师教学能力和评价素养提升,以及"互联网＋"智慧学伴的融合应用等。从 2017 年开始,我们还将进一步开展与项目教学、主题教学、翻转课堂等新型教学形式和教育技术深度整合的应用实践,努力探索实现素养融合、学科综合的评价研究和教学改革创新。

　　我们关于学科能力的研究成果在《教育研究》《教育学报》《课程·教材·教法》以及 Journal of Research in Science Teaching(JRST)等国内外核心期刊,以及东亚科学教育学会(EASE)、欧洲科学教育学会(ESERA)、全美理科教学研究学会(NARST)等国际和国内学术会议上相继发表,并在北京、深圳、山东等地的上百所中学开展了实证研究和应用实践,产生了积极而广泛的影响。顾明远先生在对该成果的推荐中这样写道:"该成果在理论、方法和实践上都有重要的创新和突破。"林崇德先生评价该成果:"体现了理论与实践研究、定性与定量研究、设计研究与行动研究的高度有效融合。特别难能可贵的是,改变了学科能力的理论研究与能力表现评价和能力培养的学科教学实践一直处于相脱节的状态,理论和评价研究成果有效转化为教学改进实践成果。"实验区和学校这样评价:"该项目在实验区的实践是'顶天立地'的,在高端专家团队指导下,瞄准人的成长与发展需要,立足于课堂教学实际,立足于教师发展实际,立足于解决教育教学改革的重点和难点问题。""对于学科能力的结构研究具有理论创新性,更可贵的是他们特别注重学科能力在课堂教学中的培养策略和方法的研究,与教师共同备课、研究学生、采集数据、评价试测,真正实现了理论与实践的结合。"

由北京师范大学出版社出版的"学科核心素养"系列丛书,系统反映了上述研究成果。丛书由国家重点课题负责人王磊教授担任总主编,包括9个学科分册,分别由各学科子课题的首席专家,语文学科郑国民教授、数学学科曹一鸣教授、英语学科王蔷教授、物理学科郭玉英教授、化学学科王磊教授、生物学科王健副教授、地理学科王民教授、历史学科郑林教授、政治学科李晓东副教授担任各分册主著,各分册的主要作者都是研究团队的核心成员。本课题的研究得到了北京师范大学未来教育高精尖创新中心、中国基础教育质量监测协同创新中心,北京市海淀区教师进修学校、北京市朝阳区教育研究中心、北京教育学院丰台分院、深圳市教育局和教育科学研究院、北京市通州区教师研修中心、北京市房山区教师进修学校、北京教育学院石景山分院等区域协同合作单位,以及山东省昌乐一中、山东省青岛市第39中学等百余所参加促进核心素养和学科能力发展的教学改进项目的学校的大力支持,在此一并表示感谢!此外,还特别感谢全国教育科学规划领导小组办公室对于此项国家重点课题自始至终的关心和支持!感谢北京师范大学出版社对于本课题成果系列丛书出版的大力支持!

丛书的各个分册,都从理论和基础研究、测量和评价研究,以及教学改进实践研究三个方面,系统展示了北京师范大学学科教育团队基于核心素养的学科能力研究成果。内容丰富,包括学科能力构成及其表现指标体系的理论成果,结合各学科核心知识内容主题的学科能力表现测评研究的成果,结合大量测评实例介绍了基于核心素养的学科能力的测评方法和策略及不同水平的典型学生表现,以及北师大学科教育团队指导专家在不同区域和学校开展教学改进实践研究的丰富案例。

丛书反映当前学科教育研究与实践改革的最新成果,兼具很强的理论、方法和实践指导价值,对于课程教学论及学科教育专业的师范生和研究生具有重要的学习价值;对于广大一线教师的学科教学改革实践和自身专业发展具有明确的指导意义;对于课程标准制定、教科书的研发、学业成就考试评价等具有积极的参考价值。

核心素养与学科能力是一个复杂系统,人们对它的认识不断发展,任何理论和研究都只是对这个复杂系统的有限探索。本丛书的内容只是我们对核心素养与学科能力研究的部分阶段性成果,对于核心素养与学科能力的研究还远未结束,我们大家将继续砥砺前行!

王 磊
2017年8月于北京师范大学

目　录
CONTENTS

第一章

语文学科能力
表现的理论研究

第一节　语文学科素养与语文学科能力的关系

在探究语文学科素养和语文学科能力之间的关系之前，首先需要弄清楚，外显的学科知识与内化的学科能力、学科素养之间的关系。

学科知识是学科能力的必要经验基础，但并不充分，能否成为学科能力还依赖于知识能否转化为学生自觉主动的认识角度、认识思路和相应的认识方式；学科素养是学生经过学科学习逐渐形成的，面对陌生不确定的问题情境所表现出的关键能力和必备品格。① 正在修订的《普通高中语文课程标准》对语文学科素养做出了明确说明："学生在积极的语言实践活动中构建起来，并在真实的语言运用情境中表现出来的语言文字运用及其品质；是学生在语文学习中获得的语言知识与语言能力、思维方法和思维品质、情感态度和价值观的综合体现。""语文核心素养"是指语文学科素养的核心要素和关键内容，主要包括"语言建构与运用""思维发展与提升""审美鉴赏与创造""文化传承与理解"四个方面。

语文核心素养是学生面对具体的现实生活情境时，分析情境、发现问题、提出问题、解决问题、交流结果的过程中表现出来的综合品质，是学生个体解决语言文学领域和现实生活问题时所需的语文学科关键能力和必备品格。

从上述定义中可以看出，语文学科能力活动是知识转化为素养的途径。语文学科知识需要学生在具体的情境中经过学习和理解、应用和实践、迁移和创新等关键能力活动，培养其在解决真实的专业领域和现实生活问题时所需的语文学科关键能力或必备品格。

从语文学科素养评价的角度来看，一些学者认为，学科知识是以"套装"的形态呈现，即筛选人类所认识的世界的整体样态，抽离了个人的特殊经验，留下公

---

① 王磊. 学科能力构成及其表现研究——基于学习理解、应用实践与迁移创新导向的多维整合模型[J]. 教育研究，2016(9)：83－92.

认的材料，经过分类化、抽象化、系统化的处理而形成的知识体系。核心素养以"经验"的形态呈现，即以学习者为主体，不断与学习者的经验产生共鸣或冲突而发生的。学科内容的掌握程度可以借助静态的知识测查，核心素养无法直接通过静态知识观测，需要通过学生在应对复杂的现实情境，参与相应探究学习活动中的外在表现加以推断。但语文核心素养的测查也不能完全脱离学科内容，学生只有具备系统的、结构化的学科知识和技能，才能深刻理解特定任务情境，明确问题，形成假设，解决问题。

综上所述，培养学生的语文学科能力是提高学生语文学科素养的途径，学生的语文学科能力表现是评价学生语文学科素养的重要方式。

第二节　大陆语文监测评价框架研究

目前，世界各国已经充分意识到了提高基础教育质量的重要性，上述国际组织或国家构建的教育质量评价指标，以及在国际或者国家层面上开展的大规模教育测评可谓应运而生。我国也提出了基础教育重点转向注重内涵、提高质量以及义务教育均衡发展的要求，因此，建构科学、规范的学科能力监测体系就成为一项十分必要、迫切的工作。

随着国际测评项目影响力的不断扩大，我国各地也纷纷借鉴这些项目的经验，开展了针对中国学生语文能力表现测试框架的研究。其中比较有影响的是北京、成都等地的地方性语文监测指标框架研究，以及教育部的学业质量监测体系。

一、基本理念

下面对北京市义务教育语文学业水平测试方案、教育部国家中小学学业质量监测和成都市义务教育语文学业质量测评的基本理念进行简要的介绍和比较。

(一)北京市义务教育语文学业水平测试方案

该方案依据教育部颁布的《义务教育语文课程标准(2011 年版)》,以及北京市义务教育小学、初中阶段使用的教材和教学实际研制,是命制学生学业水平测试题、进行语文学科教学质量分析与评价的主要依据。

该框架的特点有二:一是以现阶段我国义务教育阶段语文教育评价研究和国际学生学业评价研究的最新成果为基础,二是依据《义务教育语文课程标准(2011年版)》确定学生学业水平测试框架的测试内容标准和学业成就水平等级。其"内容标准"实际上就是课标内容的具体化,旨在对义务教育课程改革中的学生学业水平作出客观的评量。

(二)教育部国家中小学学业质量监测

该体系根据教育部"国家中小学学业质量监测"的总要求设计,是基于国家课程标准的学生学业能力测试。测试的基本目的是:为实施国家教育质量监控提供基础数据;为改进学校语文教学,提高语文教育质量提供参照;为进一步改进语文课程设计提供必要依据。总目标是测查学生正确理解和运用祖国语言的能力,尽可能清晰地反映学生的语文素养水平。

该监测体系有四条原则:

第一,语文学科命题说明的编制以《义务教育语文课程标准(2011 年版)》为基本依据。

第二,测试重点考查《义务教育语文课程标准(2011 年版)》中规定的可以通过纸笔测验形式检测的语文核心能力。

第三,测试要对学校语文教学具有积极的导向作用。

第四,测试要体现公平原则。

(三)成都市义务教育语文学业质量测评

该项目借鉴了"阅读即思维"的国际语言科测试(如 PISA 项目)的基本理念,以《义务教育语文课程标准(2011 年版)》和教材(含教师用书)为依据,对照《成都市小学语文学科教学及测评意见》的有关要求,全面贯彻基础教育课程改革和素质教育的有关精神和要求。成都市通过调查了解小学语文五年级阅读各项目标的落实情况,既重视考查学生语文知识的积累和运用,又突出考查阅读能力、阅读兴趣、阅读方法、阅读习惯、阅读速度、阅读量、阅读面以及创新精神和综合运用水平,着眼于学生全面发展和终身发展,给师生提供更全面、更丰富、更多元的展示空间。试题力求实现与教材及日常教学相结合,与学生生活相结合,与文化熏陶相结合。考查内容全面,覆盖面大,重视能力,突出运用。

(四)教育部、北京、成都监测理念的比较

纵观国内的三个代表性监测体系,可以看到,在监测的理念上,只有成都在进行阅读专项监测时借鉴了PISA的监测理念——阅读即思维,并且着眼于学生的终身发展,与PISA为生存而学习的价值取向相似。而教育部和北京的监测则只是呈现了各自的监测目的,在监测理念的表述上并不明确(见表1-1)。

表1-1　教育部、北京、成都监测理念对比

组织或地区	监测目的	是否基于课程标准	所借鉴的国际学生学业评价框架
教育部	学生正确理解和运用祖国语言的能力,尽可能清晰地反映学生的语文素养水平。	是	阅读 NAEP2005
北京	对义务教育课程改革中的学生学业水平做出客观的测量和评价。	是	阅读 PISA2000
成都	阅读即思维;着眼学生全面发展和终身发展。	是	阅读 PISA

二、监测框架分析

国内的三个测试在各自的测试框架上有较大差异,但也共同拥有一些必不可少的要素,详见表1-2。

表 1-2 各测试框架的构成

	教育部	北京	成都	
第一部分	测试目的	测试框架说明（特点和构成）	命题原则	
第二部分	测试对象	测试内容标准	命题指向	命题依据
				命题意图
				命题方式
第三部分	测试基本原则	测试的方式、题型、测试时间	试卷剖析	试题组成
				试卷特点
第四部分	测试主要内容	测试的内容和能力分数构成		
第五部分	测试题目举例	学生学业成就水平描述		
第六部分	试题编制原则	测试题型示例		
第七部分	双向细目表			

三、启示与反思

三种监测均涉及语文基础知识、阅读和表达，但具体指标的命名和对"积累"的划归问题上有较大区别。教育部监测维度的主要优点在于从能力构成和测试情境两方面清晰地描述了监测内容；北京监测维度的特点是关注了口语交际内容，学业水平层次的划分准确、得当；成都的监测维度最符合国际测评理念，从阅读角度监测了语文知识、写作，从试题的形式、难度上有较大的创新，细分为正题和加分题。整理和分析这些监测框架，也为进一步的研究提出了三个需要思考和解决的问题：

第一，是否应按照国际上更为通行的做法，在能力表现框架中界定每一个具体监测的维度？

第二，是否将"积累"单独列为一个监测维度？教育部的监测体系把积累单独列为一个监测维度，并在测试结构表中将积累分成字词积累和古诗文、成语积累，在测试情境中分为有语境积累和无语境积累，其中有语境积累又可以和阅读在一起进行测试。这样看似清晰的三个监测维度，实际上却存在着明显的重叠关系，其合理性有待进一步讨论。

第三，"阅读"维度的内涵和外延问题。毋庸置疑，通过监测学生阅读能力这一个指标，实际上可以反映出学生的语言积累情况、阅读能力、写作水平等多个方面。因此，"阅读"这一监测维度可以包含语言积累和习作，NAEP2009 的阅读框架，还包括词汇内容，具有很强的包容性。成都的阅读专项监测不仅涵盖了对语文知识和阅读能力、阅读速度、阅读量及阅读面的监测，还涉及学生的写作能力。这些看似是对阅读的专项监测，实则涉及语文监测中的其他几个重要指标。

第三节　香港和台湾地区义务教育阶段学生母语学习测试项目研究

香港和台湾地区的语文学业质量测试框架既与大陆有相同的部分，又有很多独特之处，各自形成了比较完整的体系。下面主要就香港、台湾台北市和新北市的三个测试框架进行对比，同时结合内地(大陆)的几个测试框架加以描述、分析和评价。

一、香港地区全港性系统评估

全港性系统评估(Territory-wide System Assessments，简称 TSA)是香港教统会 2000 年发布的教育改革措施之一，其设立的目的在于为政府及学校管理当局提供反映全港学校中、英、数三科水平的数据，以便政府为有需要的学校提供支持。同时，促使学校结合评估数据与学校发展的需要，制订改善学与教成效的计划。全港性系统评估于 2004 年开始在小三(小学三年级)级推行，到 2006 年已在小三、小六(小学六年级)与中三(中学三年级)级全面实施。

香港考试与评核局就所收集到的资料，公布全港学生整体的表现，向学校发放学校层面报告及题目分析报告，提供大量具有参考价值的数据，显示学生不同学习阶段在中、英、数三科上的表现。①

学校可根据资料，制订改善学与教成效的计划。全港性系统评估在不同的学习阶段完结时，以纸笔形式测考，接受总结性的评估(见表1-3)。

具体到中国语文科，依据能力指标体系来设计考查内容，不与教材具体内容挂钩，重在考查学生理解语言和运用语言的能力。测试的学习范畴/能力包括：聆听(Listening)、阅读(Reading)、写作(Writing)、说话(Speaking)、视听资讯(Audio-Visual Information)。其中，说话分为个人(Individual)和小组(Group)。这五个专项都有各自的能力评估重点。

全港性系统评估采用了项目反应理论等统计理念和技术，运用增值分析的方法追踪同一学生在不同学习阶段对基本能力的学习效果，了解学校的增值情况。2010年，香港考试与评核局首次追踪同一批学生群组在六年内从小三开始，至就读小六，然后升上中三的学习表现，与之相比，北京市义务教育教学质量监控与评价系统的增值研究还处于起步阶段。此外，全港性系统评估实现了水平厘定与水平维持，便于比较不同年级的学生水平和不同题目所反映的情况。②

表1-3　全港性系统评价概况(中国语文)

内容	形式	试卷	时间	对象	反馈	结果的运用
阅读 聆听 写作 说话 视听资讯	笔试 口试 (看图讲故事和小组讨论)	五项均有独立的四套试卷和独立的评价标准	五项均有独立的测试时间规定	相应年级全体学生按比例随机抽取每项的测试对象，每个学生参加两项	以最基本的达标数据参考，下发学校学生在不同技能和范畴的强弱分析报告，不具体反映个体情况。学校凭密码查询，不对外公布	为政府和学校政策调整、课程设置、教师改进教学实践、针对薄弱环节予以支援、促进学生全面发展服务，不与学校和教师评价挂钩，不与经济待遇挂钩

① 香港考试及评核局教育评核服务部. 善用评核数据提升学与教——以"全港性系统评估"为例[J]. 考试研究，2009(4)：107－127.

② 参阅胡进. 香港中小学全港性系统评估概况与启示——兼与北京市义务教育教学质量监控评价系统比较[J]. 上海教育科研，2011(6)：46－50.

二、台湾地区语文能力测试框架

(一)监测目的和监测内容

"新北市 99 学年度三年级学生语文能力监测回馈报告"指出，该监测的目的是检核学生表现是否达成教学目标，而非评断学生能力的高低。共涉及对注音符号应用、识字写字、阅读和写作四种能力的测查。其中对写作能力的测查放在了阅读能力监测的前面。台北市的监测框架没有单独列出写作能力测查，但在试卷中以选择题的形式考查了学生的写作能力，如其中一题为：小华要写一篇作文，题目是《现代化的台北》，下列哪一项不适合选为这篇文章的材料？这与大陆通过让学生完成一篇命题作文、半命题作文或自由命题作文的形式来测查其写作能力的做法不同。

两种测查形式各有利弊。提供语境和材料，用选择题考查学生的语文写作与表达技巧，便于操作，所占分数比例较小。但是，这种形式无法全面而完整地反映学生的语言表达和写作技巧，只有让学生动笔完成一篇作文，才能实现对写作中更多内涵和要素的考查，但是这种形式也在评价的主观性等方面存在一定局限性。

(二)认知向度

台湾语文监测中所依据的主要是布鲁姆(Bloom)的认知向度：记忆、理解、应用、分析。两个命题框架在呈现形式上虽然不尽相同，但有一点是共同的：测查不同的语文内容对应不同层次的认知历程，而且认知的整个历程全部被纳入监测当中，呈现出逐层深入的结构特点。相比之下，大陆的几个测评框架，则缺少连贯性和系统性。比如，教育部的框架在语文积累部分监测学生的记忆、理解、运用能力，而在阅读部分则监测学生的整体感知、形成解释、使用信息和作出评价的能力，写作部分监测学生构思、表达、修改的能力，从整个监测框架来看，缺少系统的对学生认知历程(向度)的把握。

(三)对字音、字形的监测

台北市在进行字音、字形的考查时，涉及的认知历程为记忆、理解和应用，而新北市只要求记忆和理解。与此相应，新北市 1999 年和台北市 2010 年试卷在这一部分所测查的能力点也不同，新北市涉及同音字、音近字、一字多音、辨认字形和部首辨识，台北市在此基础上还增加了字义理解、字形结构和字体特点，比新北市更加丰富，难度也更大。

(四)试卷中有语境的监测形式

有语境的考查更能监测出学生的语言能力和语文素养，因为对于同样的考查点，学生要阅读更多的文字，这无疑是对学生阅读能力的一种无形的监测。

台北市 2010 年六年级的语文监测试卷共有 45 道题目，涉及有语境和阅读语境考查的题目共计 31 道，比例高达 68.9%；新北市 1999 年五年级的语文监测试卷共有 36 道题目，有语境考查的题目有 12 道，占 33.3%。

(五)试卷中对阅读的考查

台北市语文检测命题架构中，对阅读能力的考查涉及字词义、文法修辞、句型、阅读理解四个部分。而新北市的语文检测评量向度细目表中只有字词义和阅读理解，其中阅读理解又细分为直接历程和解释历程。台北市测查的认知历程包括了解、应用、分析，而新北市只有理解、分析两个向度，不涉及应用，相应的题目难度系数也就较低。

两份试卷在阅读测试的形式上差异也较大。台北市试卷的阅读材料短小精悍，涉及的文本类型较多，包括对话、留言条、会议记录、现代诗、记叙文、寓言故事、游戏规则、活动介绍、人物简介、说明文等，贴合时代背景，关注热门话题。每篇短小的选文后面只检测一两道题目，这与国际阅读测评的做法不尽相同。新北市的阅读测试则比较中规中矩，4 篇阅读短文，包括 2 篇记叙文，1 篇应用文和 1 篇说明文，每篇短文后有 4 道题目。

台湾语文监测能力指标分类对我们的启示有这样几点：第一，可以通过选择题的形式考查学生表达与交流能力当中较易外显出来的部分；第二，把心理认知历程融入每一项能力的测试当中，而不只是在阅读能力测试中体现；第三，多角度、有针对性地创设情境，考查学生在具体情境中的语文素养；第四，拓宽阅读测试材料的选择范围，更为详细、科学地确定阅读评价文本的类型、比例和特征等。

第四节　国外母语测试项目研究

深入研究国外母语学习测试项目的经验和不足，能为研究我国的语文测试框架构建提供更为广阔的视野和思考空间。

一、测评几大项目框架内部的维度及其关系

PISA 主要考虑情境、文本和测评三个方面。[①]　其中，阅读情境共有四种：①为了个人应用而阅读；②为了公共应用而阅读；③为了工作而阅读；④为了教育而阅读。PISA 根据阅读任务的不同，将阅读材料分成了两种类型：连续性文本（Continuous Text）和非连续性文本（Non-Continuous Text），连续性文本主要是指以句子和段落构成的散文类文本，依据连续性文本的内容以及修辞目的，可以分为描述、说明、叙述、论证等不同的形式。非连续性文本则与连续文本的组织结构不同，依据格式可以将非连续性文本分为表格、目录、设计图、地图、曲线图、广告等。[②]　除了在文本形式上有准确的描述外，PISA 对文本的媒介（印刷文本与电子文本）、环境（配置的与以信息为基础的）、类型（描述、叙述、论述、论证、指示和记录）也有清晰的规定。PISA 所测试的阅读素养主要是学生的阅读能力，从三个层面来测评学生的阅读能力：①存取与回忆；②综合与解释；③反思与评价。笔试主要涉及多项选择和简答两种题型，又根据阅读过程的三个目标层次分配了题型的比重，将学生的阅读能力分为 5 个层次进行描述和评价。也就是说，PISA 整合了阅读目的、阅读材料、阅读能力的构成、阅读能力的层级四个方面，搭建了一个完整的阅读测评框架。

[①]　杨清．贴近学生的真实阅读：国外阅读评价分析——以 PIRLS、PISA 和 NAEP 为例[J]．外国中小学教育，2012(5)：13－18.

[②]　乐中保．PISA 中阅读测试的测评框架与设计思路——兼谈对我国阅读测试的启示[J]．河北师范大学学报(教育科学版)，2008(6)：32－35.

除阅读测验外，PISA 还设计了问卷调查，目的是收集有关社会、文化、经济和教育因素的指标并从个体学习者、教学、学校及教育体制四个层面对学生的学习成就进行分析。因此，PISA 不仅能提供参与国家和地区在三个主要领域的相对排名，还能涉及范围更广的教育成果，如学生的学习动机、自信心以及学习策略等，并且能为各国政策分析和研究提供有价值的参考。①

PIRLS 基于其研究目的和评价对象的特点，构建了相应的阅读评价体系，包括阅读素养测试和调查问卷两部分。其中，阅读素养测试主要包括三个方面：理解过程、阅读目的、阅读行为和态度。前二者是其书面阅读理解评价的基础，也是阅读素养测试的主要内容，阅读行为和态度的评价则主要通过调查问卷来进行。PIRLS 阅读素养测试的理解过程部分主要测查学生四个方面的能力：①关注并提取信息的能力；②直接推论的能力；③解释并整合观点和信息的能力；④判断与评价的能力。

PIRLS(2011)将阅读情境分为"为了获得文学体验而进行的阅读"和"为了获取和使用信息而进行的阅读"，使用两种题型——单项选择题和构答反应题。所使用的文本被分为提取信息、直接推论、解释并整合观点和评价文本四大类。其中构答反应题要求学生通过与材料和问题背景的相互作用建立观点并做书面回答，比较适用于评估学生提供论据或根据学生已有的背景知识和经验进行解释的能力。调查问卷包括学校、教师、学生、家长和课程五个部分，前四部分问卷主要是收集学生学习阅读经验的信息，课程问卷主要由各国的研究协调员来完成，主要是要了解国家的阅读政策、阅读教学的目标和标准、阅读时间的分配、书籍和其他阅读资源的供给。PIRLS 通过不同的问卷收集各种情境中可能影响学生阅读表现的信息，以此来分析学生阅读的影响因素。②

NAEP(2009)阅读评定框架是依据各科课程标准和学业标准建构起来的，包

---

① 王蕾.PISA 在中国：教育评价新探索[J].比较教育研究，2008(2)：7—11.

② 马世晔.阅读素养与国家竞争力——国外阅读素养测试对我们的启示[J].教育测量与评价(理论版).2010(7)：13—15.

括材料选择、评定内容、词汇、试题形式、样题和结果报告。NAEP(2009)阅读评定材料选择的自由度较以前有所增大，但仍要符合以下要求：第一，主题适宜；第二，材料具有可读性；第三，所选材料具有激励和启发功能；第四，阅读材料是学生熟悉的，可以包括不同历史时期的文学著作。评定内容包括文学型文本(小说、纪实文学、诗歌等)和信息型文本(杂志、报纸、论文等)两大类，主要考查学生查找/回忆、整合/解释和批判性评价这三方面的能力。[①]

NCT 阅读考试的材料来源广泛，有书本、报刊、网络、电视、墙报宣传栏等，涵盖了各种类型的文体——古诗、诗歌、议论文、新闻、传记、日记、游记、说明文等。NCT 阅读考试的测查内容按学段可分为：第一学段——基本的阅读能力(获取信息)；第二学段——较高的阅读能力(深层理解)；第三学段——全面的阅读能力(理解评价鉴赏)。测评项目包括：

1. 运用阅读策略来读懂文本的意义；

2. 了解、描述、选择和定位文本中的信息、事件或观点，并引用文本答题；

3. 演绎、推断或解释文本中的信息、事件或观点；

4. 鉴别和评论文本的结构和组织，包括文本水平的文法和表现出的特色；

5. 说明和评论作者的语言风格，包括词和句子水平的文法和文学上的特色；

6. 鉴别和评论作者的目的和观点，以及文本给读者留下的总体印象；

7. 把文本与其社会、文化和历史背景及文学传统相联系。

SAT 考试由六个相关部分构成，其主体分别是 2 个语言部分和 2 个数学部分，另有 1 个标准书面英语部分和 1 个旨在验证试卷本身效度与信度高低的试验部分。[②] 2005 年，美国大学委员会决定改变 SAT 的试题内容，新 SAT 考试分成阅读、数学、英文写作三大部分。新增设的单独记分的写作部分，包括作文和语

---

① National Assessment Govering Board. U. S. Department of Education. Reading Framework for the 2009 National Assessment of Educational Progress. September 2008. http：// www. boardofed. idaho. gov/naep/data/rd09/rd09-nagb-framework. pdf，2008-11-25.

② 孙崇文. SAT 考试：高考制度改革可资借鉴的一面铜镜[J]. 教育发展研究，2001 (7)：80－82.

法运用两个内容，前者采用命题性形式，后者采用多项选择形式。①

二、对几大测评框架的图说与比较

1. PISA 评价框架核心要素图（见图 1-1）

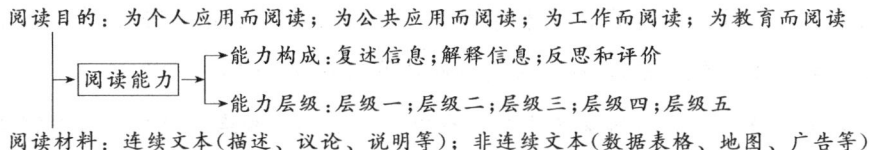

阅读目的：为个人应用而阅读；为公共应用而阅读；为工作而阅读；为教育而阅读

阅读能力 → 能力构成：复述信息；解释信息；反思和评价

阅读能力 → 能力层级：层级一；层级二；层级三；层级四；层级五

阅读材料：连续文本（描述、议论、说明等）；非连续文本（数据表格、地图、广告等）

图 1-1　PISA 测评框架②

2. NAEP 和 PISA 阅读测试框架比较（见表 1-4）

表 1-4　NAEP 和 PISA 阅读测试框架比较③

比较维度	NAEP	PISA
文本类型	(1)文学类：小说，写实文学，诗歌；(2)信息类：描述，论述/说服性文本，程序性文本和材料	(1)文体：记叙、说明、描写、论述、指导；(2)格式：连续性、非连续性；(3)媒介：纸质、电子；(4)环境：内容不可改变、内容可改变
认知能力	定位与回忆；综合与解释；批判和评价	存取与回忆；综合与解释；反思与评价
情境		为个人应用而阅读；为公共应用而阅读；为工作而阅读；为教育而阅读
其他	意义词汇	

从上表不难看出，PISA 与 NAEP 在测评框架上最大的不同在于阅读情境的设定和对词汇的态度。PISA 认为，人总是在某一特定情境下阅读材料，强调在类似真实生活场景中的阅读，而 NAEP 特别强调学生的词汇掌握情况。2009 年 NAEP 框架提出了"意义词汇"（Meaning Vocabulary）的概念，强调评价学生理解

---

① 陈晓莹. 美国 SAT 考试的最新改革[J]. 比较教育研究，2004(10)：50—53.

② 乐中保. PISA 中阅读测试的测评框架与设计思路——兼谈对我国阅读测试的启示[J]. 河北师范大学学报(教育科学版)，2008(6)：32—35.

③ 唐青才，王正青. 国际学生阅读素养测评的理念与方法——基于 2009 年 NAEP 与 PISA 的比较研究[J]. 教育研究与实验，2012(1)：73—77.

关键词汇的意义，进而理解整篇文本的能力。

3.PISA、NAEP 和 PIRLS 有关阅读情境的划分及其测试维度的比较（见表 1-5）

表 1-5　PISA、NAEP 和 PIRLS 的阅读情境划分和测试维度

测试项目	阅读情境 （阅读目的）	测试维度 （认知过程）
PISA	个人应用 公共应用 工作 教育	形成广义的、总体上的理解 获取信息 形成解释 反思和评价文本的内容 反思和评价文本的形式
		PISA（2009）：存取与回忆、综合与解释、反思与评价
NAEP（2005）	获得文学体验 获取信息 完成任务	整体感知 形成解释 联系自身 作出评价
PIRLS	文学体验 获取和使用信息	理解过程 （关注并提取明确陈述的信息；进行直接推论；解释并整合观点和信息；检视并评价内容、语言和文本成分） 阅读目的 阅读行为和态度

以上三个评价项目对阅读情境（目的）的区分以及对阅读内在心智技能的划分，使得其对阅读能力的评价更加明晰，也更容易操作。依照这样的框架设计，命题者可以更加理性并有针对性地设计测试题目和结构试卷，从而使试题的测试指向更加具体和全面，使试卷的结构更加严谨，避免那种对照阅读材料随意找点命题、组合试题的纯经验化做法①。

---

① 张颖.国际阅读测试项目的设计思路及操作技术——兼谈其对中国阅读测试的启示[J].首都师范大学学报（社会科学版），2007(2)：145－149.

4. 六大测试项目构成要素的异同(见表 1-6)

表 1-6 六大测试项目构成要素比较

测试项目	构成要素	独特要素	是否基于课程标准
PISA	阅读情境(阅读目的) 阅读素养(认知过程) 文本类型 题目及调查问卷 结果报告	阅读素养	否
PIRLS	阅读情境(阅读目的) 阅读能力(认知过程) 阅读的行为和态度 文本类型 题目及调查问卷 结果报告	阅读的行为和态度	否
NAEP	阅读情境(阅读目的) 阅读能力(认知过程) 文本类型 阅读和词汇题目 结果报告	词汇题目	是
NCT	阅读能力(认知过程) 评价类型、模式、级别等 文本及题目 评定结果及教师形成性评价	教师形成性评价 评价类型、模式、级别等	是
SAT	阅读能力(认知过程) 文本类型 阅读题目及写作测试 信度与效度测试部分 学生成绩	写作测试 信度与效度测试部分	否
ACT	阅读能力(认知过程) 文本、题目及教师调查问卷 学生成绩 调查报告	教师调查问卷	否
共同要素	阅读能力界定;文本类型;题目;测评结果		

从上表可看出,每个评价框架中都出现了相同的评价核心,这些信息提示我们,无论是评价阅读还是评价学生其他方面的语文学习,都应该在明确评价的具体目的后,从学生的心理认知过程开始构建评价框架,进而对评价的文本进行细

致、全面、具体的规定，以提高整个测评框架的可操作性和实践性。同时，应根据评价的终极目的和每次测试的具体目标设计和调整测评框架，使其成为既全面严谨又独特灵活的先进评价工具。

三、基于内容分析法的国际评价框架研究现状分析

随着研究视野的逐渐开阔，我国学者对国际上的学生学习能力测评有了更多的研究与认识，这对于制定我国的学科能力评价体系有着重要的借鉴意义。

近几年来，研究国际评价框架的文章有所增加，主要有综述研究和实证研究两个方面：综述研究方面，相当一部分学者从不同角度描述了评价框架现状；而实证研究主要采用文献计量研究方法。在前者的研究较为充分的情况下，为了深入挖掘评价框架与机制，我们以近几年教育杂志、报纸上的几十篇论文为样本，采用内容分析法对文献的研究类型、研究内容、研究主题、研究方法进行了分析，对评价框架的研究现状有了初步认识与了解，描述近几年来的学科研究发展动态，明确国际上主要评价框架的特点及发展水平。通过横向对比国内外现状，对现有研究水平、发展方向和需解决的问题予以了关注。

内容分析法是一种对于传播内容进行客观、系统和定性与定量相结合的描述与分析方法。其基本做法是把媒介上的文字、非量化的有交流价值的信息转化为定量的数据，建立有意义的类目分解交流内容，并以此来分析信息的某些特征。所选文献主要来自教育研究类报纸杂志和高校毕业论文，其中，杂志包括《课程·教材·教法》《比较教育研究》《教育发展研究》《理论与实践》《教育学报》《中学语文教学》等，因为这类刊物具有专业性、针对性、实践性，大部分作者是来自高校的研究人员或中小学有教学经验的老师，在很大程度上引领着研究的方向与趋势。在此基础上对题名中含有"测试""能力评价""PISA""SAT"等的文章进行收集整理。同时，所选文献的年份大多为 2005 年之后，有利于分析测评框架的研究现状。

在入选的 43 篇文献样本及测评框架原版资料中，研究 PISA 的有 11 篇，研究 SAT 的有 8 篇，研究 NAEP 的有 13 篇（另外还有几篇是 NAEP 原文文本），研究 PIRLS 的有 4 篇。另外，还有 7 篇文章是对几种测评项目进行对比分析。

虽然数据结果不排除随机的误差性,但数据统计结果也从一个侧面体现了中国研究者对外国几大评测框架关注度的提高,尤其是近两年的研究较以前更是有显著提升,这和近年来几大测试框架的实践与应用有关。比如我国上海学生于2009年参与了 PISA 阅读素养测试,香港地区学生参加了 PIRLS,这样的参与为国内进一步研究国际较高水平的测评项目提供了有利环境与动力。根据文献研究的内容,可将其分为以下几个类目,见表1-7。

表1-7　研究文献的类型及比重

分析类目	分析单元	数量	所占比重
研究类型	描述型	24	58.5%
	感想评述型	9	22.0%
	实证探索型	8	19.5%
研究内容	阅读测评	16	39.0%
	写作测评	4	9.8%
	整体的测评机制	17	41.4%
	其他	4	9.8%
研究主题	介绍述评	25	61.0%
	试题译介研究	6	14.6%
	反思启示	10	24.4%
研究方法	对比研究	11	26.8%
	理论研究	19	46.4%
	实例研究	11	26.8%

由以上的数据分析,我们可以对研究现状有一个大概的认知。

就研究类型而言,描述型的文章占绝大多数。所谓描述型,即把国际评测项目按照作者自己的理解介绍出来,侧重于对项目本身的描述与介绍,这说明当前的研究者认为更有必要先让更多的人明白这些项目的背景和作用,以及它们所使用的开发工具,为进一步的反思与借鉴提供基本材料与参考信息。

就研究内容而言,大部分研究者着重研究测评项目中的阅读测试和探讨某一测试项目的整体测评机制,而有关写作和解决问题等能力测评的研究文献较少。

就研究主题而言，与研究类型相一致，现有研究更多地停留在介绍述评阶段，还没有更好地与我国的测评机制相融合。当然，这些介绍与述评的文章最后的落脚点大多还是在对这些测评项目的反思和从中得到的启示上，这也是研究国外评测机制的价值所在。

就研究方法而言，主要的研究方法有对比研究、理论研究以及实例研究，而其中又以理论研究为主，即对国际上的测评项目进行理论介绍与评述。在此基础上，一些文章进行了对比研究，如在《PISA 阅读概念与能力等级划分对我国普通高考阅读命题的启发》一文中，作者对比了我国和 PISA 均有的 6 个能力等级之间的异同。

在研究较为集中的阅读测评框架中，研究者普遍认同 PISA2009 对阅读素养的定义，即"为了实现个人发展目标、增长知识、发挥潜能并参与社会活动而理解、使用、反思文本的能力和对书面阅读活动的参与度"。PISA2000 为阅读素养列出了六级能力标准，其中学生阅读能力测试中的考试立意、考题命制、考试技术操作等多方面都有值得研究与学习的地方；又如 NAEP 阅读测试框架中阐述的三种不同的阅读情境(为获得文学体验而阅读、为获取信息而阅读、为完成任务而阅读)和四种语文能力元素(整体感知、形成解释、联系自身、作出评价)，对我们也有很好的借鉴意义。其他几个阅读测试项目对阅读中的认知能力、理解思考能力、访问与检索信息、评判能力等方面都有要求标准，在阅读情境的确定、阅读材料的选择、阅读能力的构成、阅读能力的层级等方面构筑了一个完整的阅读测评框架，在明确界定评价核心、明晰分解评价内容、理性选择阅读材料、系统设计评价工具、有效保证评分信度以及对评价结果的分析反馈等方面都为我们系统化、理性化地构建阅读测试框架提供了更广阔的视野和思考空间。[①]

综上所述，对于国际测评框架的研究文献数量呈显著上升趋势，多发表于教育刊物上；研究目的明确，一致指向通过分析国外较为成熟的框架模式得出启示、借鉴经验、吸取教训，最终使其为我所用；研究内容也较为集中，阅读与整体评价机制是最主要的两个方面；研究方法以文献评述和理论思考为主，通过介

---

① 张颖．国际阅读测试项目的设计思路及操作技术——兼谈其对中国阅读测试的启示[J]．首都师范大学学报(社会科学版)，2007(2)：145－149.

绍描述向读者呈现事实。目前研究的问题在于，科学化、规范化程度有待提高，深度与广度还需拓展，与中国的教育实际结合得不够紧密。

第五节　基于"学习—实践—创新"的语文学科能力理论研究

和其他学科一样，语文学科在借鉴和参照国内外母语测评项目优秀经验的基础上也将各年级学生的能力表现，纳入学习理解、实践应用和创新迁移三大能力层级中进行描述和评价。因此，要先准确把握这三种能力层级的概念。

一、关于学习能力的理论研究

关于学习能力的实质，有一种观点认为学习能力等同于智力。迪尔本（W. F. Dearborn）认为"智力是学习能力或由经验中得益的能力"，盖茨（A. L. Gates）认为"智力是关于学习能力的综合能力"。这种观点表明了学习能力对于个体发展的重要性。另一种观点认为学习能力是在学习活动中形成和发展起来的，是学生运用科学的学习策略去独立地获取信息、加工和利用信息、分析和解决实际问题的一种个性特征。[①] 这里所说的学习活动受到苏联心理学家列昂节夫的环状结构论的影响，认为人的学习活动过程由定向环节、行动环节和反馈环节三个基本环节组成。[②] 构成学习能力的基本要素主要是基础知识、基本技能和基本策略。前两者在后者的统整、导向下，内化并结构化、网络化，形成相对稳定的结构，即构成了学习者的认知结构。因此，学习能力的实质就是结构化、网络化、程序化的知识、技能和策略。[③]

---

① 毕华林．学习能力的实质及其结构构建[J]．教育研究，2000(7)：78—80.
② 韩进之．教育心理学纲要[M]．北京：人民教育出版社，1999：76—77.
③ 毕华林．学习能力的实质及其结构构建[J]．教育研究，2000(7)：78—80.

二、关于实践能力的理论研究

在哲学上，人的活动可分成实践活动与认识活动，认识是主体反映客体的活动，实践是主体改造客体的物质性活动。这种观点认为实践与认识是部分包容关系，实践是指人在认识参与下完成任务的一切外在的、感性的、物质性活动。[①]

在心理学中，实践能力的研究集中于实践智力(Practical Intelligence)。斯腾伯格将社会能力分为两种智力：社会智力(Social Intelligence)和实践智力。台湾学者张春兴在《张氏心理学辞典》中对 Practical Intelligence 的解释为"实用智力"："个体在适当时间与适当空间内，在行为上的适当能力表现"。所谓适当能力表现，包括解决问题的能力与对付困境的能力等。实用智力一词与抽象智力(Abstract Intelligence)相对。

综合考虑实践与认识的关系以及心理学中实践智能的内涵，实践能力就是对个体解决问题的进程及方式上直接起稳定的调节控制作用的个体生理和心理特征的总和。个体实践能力以其解决问题的层次和质量为衡量指标。实践能力可划分为四个基本构成要素：实践动机、一般实践能力因素、专项实践能力因素和情境实践能力因素。[②]

三、关于创新能力的理论研究

以吉尔福特(J. P. Guilford)为代表的心理学家认为创新能力主要是一种智力品质，并且主要表现为创新思维。在吉尔福特提出的智力模型中，内容、操作与产品是模型的三个维度，操作维度上的发散性思维是创新能力的核心。吉尔福特认为，发散性思维的主要成分包括思维的流畅性、灵活性、独创性和精细性。另一种观点认为创新能力由创新思维和创新人格共同构成。

在 20 世纪 80 年代后期，心理学对于创新能力的认识又有了新的进展。一些心理学家认为只强调创新思维和创新人格的作用还不够全面，必须关注知识技能

---

① 吴志华，傅维利．实践能力含义及辨析[J]．上海教育科研，2006(9)：23−25.
② 刘磊，傅维利．实践能力、含义、结构及培养对策[J]．教育科学，2005(2)：1−5.

在创新能力发展中的作用，这样就形成了创新能力是一种复杂能力，由创新思维、创新人格和知识技能等因素共同构成的观点。这种观点以美国心理学家艾曼贝尔（T. M. Amabile ）和斯腾伯格（R. J. Sternberg）的理论为代表。该理论认为任何领域的创造性产品或反应的形成都是由三个必要而充分的成分构成，它们分别是：与领域有关的技能、与创造性有关的技能和内部动机。与领域有关的技能不仅包括事实性知识、特定领域所需要的技术技能，还包括有关领域的特殊"天赋"。斯腾伯格对创新能力结构的研究也是持多维度的观点，并认为创新能力的结构由三个维度六个因素组成，他的研究受到广泛关注，颇具影响力。创新能力的三个维度分别为智力维度、认知风格维度和人格维度，六个因素为智力过程、知识、认知风格、人格特征、动机、环境。[①]

---

① 姜丽华．论学生创新能力的培养[D]．上海：华东师范大学，2007．

第二章

语文学科能力
表现的评价设计

基于研究背景和研究理论基础，语文学科能力表现研究的方向明确，关键问题逐渐清晰。与其他各学科一样，语文学科的学科能力也应当由相应的能力要素构成，如何描述相应的能力表现指标以观察学生语文学科能力发展的状况成为重要的研究内容。

第一节　指标体系

一、语文学科能力总体描述

在充分利用前人经验的基础上，我们提出语文学科能力的构成和内涵，探讨核心能力的对应分类和水平层级，确定研究的模型，并与其他学科通力合作、不断打磨，形成了基于学习理解、实践应用、创新迁移的语文学科能力表现指标框架。

如前所述，结合学习心理学和语文学科特色，我们对语文学科能力进行了基于学习理解、实践应用和创新迁移三个能力层级的划分和描述。在编码体系中，这三个层级分别用 A、B、C 三个字母表示。

学习理解能力是最基础的层级，包括观察注意、记忆、信息提取、分析概括和领会理解五大能力要素，编码分别是 A-1、A-2、A-3、A-4 和 A-5。强调广泛的课内外阅读，多角度地观察生活、总结经验、丰富积累。

实践应用能力包括应用交际、解释推断、解决问题、策略应用，编码分别是 B-1、B-2、B-3 和 B-4。强调根据不同目的和场合，用语言文字清晰、合理地表达，利用工具书和互联网等辅助学习，在阅读和表达过程中完善自我人格，加深对自我与世界的认识和思考。

创新迁移能力是最高的层级，包括发散创新、批判赏析、内化完善，编码分别是 C-1、C-2、C-3。强调联系语文学习和现实生活解决具体问题，提倡个性化的阅读和有创意的表达，鼓励独立思考与质疑探究，并批判性地评价、吸收传统及当代多元文化(见表 2-1)。

表 2-1　语文学科能力构成要素及内容

观察注意 (A-1)	观察文本情境,注意人物特征、事件过程或文本特点; 观察生活情境,注意交流的不同场合特点及交流对象特征。
记忆 (A-2)	认识常用汉字 3500 个,其中会写 2500 个以上; 熟读成诵至少 240 篇(段)优秀诗文; 识记课内外阅读和生活中常用的成语典故、名言警句等语言材料; 记忆所学课文和所读经典名著涉及的重要文学文化常识。
信息提取 (A-3)	提取基本要素、重要细节和关键语句,排除干扰性信息; 从话语、文本中捕捉重要的显性信息或隐性信息,做到信息提取真实、准确、完整。
分析概括 (A-4)	区分各类作品,概括常见文体的基本特征; 从所积累的语言材料中分析概括出一定的规律和特点; 分析概括文本的主要内容、思想情感和写作特点。
领会理解 (A-5)	体味重要词句的含义及其在语言环境中的作用; 理解重要语段的内容及其在文中的作用; 理解作品的内容、深层含义,体悟作品所蕴含的文学文化内涵; 理解领悟谈话对象的真实观点和意图。
应用交际 (B-1)	针对讨论的焦点发表自己的意见,做到清楚、连贯、不偏离话题,注意表情和语气; 根据情境,准确、清晰地讲述见闻或复述、转述; 根据对象和场合,能文明、得体地进行日常交流; 流畅地与他人分享阅读感受,交流阅读心得; 考虑不同的目的和对象,选择恰当的内容和表达方式,语言正确、规范; 修改自己的作文,做到文从字顺、书写规范、整洁; 格式正确,标点或称谓等使用正确。
解释推断 (B-2)	借助词句积累和文学文化常识解释现象背后的文化内涵; 分析文本或生活中的观点与材料的逻辑联系,合理推断事件现象因果关系等; 解释运用某种表达方式进行写作的原因。
解决问题 (B-3)	针对具体情境,就相关问题提出合理可行的解决方法或方案; 根据文本信息,联系现实生活,解决生活中的具体问题。
策略应用 (B-4)	熟练使用各种工具书,合理运用图书馆和网络资源,查找和引用资料,借助注释理解文本; 广泛阅读各类读物,养成分类积累、做阅读笔记的习惯,丰富阅读经验。

续表

发散创新 (C-1)	在阅读材料和实际生活经验之间建立联想和联系； 举一反三，运用汉语言文学的规律丰富积累、拓展运用； 创造性地解释、化用，尝试扩写、改写或创作。
批判赏析 (C-2)	对所积累的内容有自己的感受、领悟和评价； 批判赏析课内外文本的思想内容、结构安排和语言表达； 批判赏析文本中蕴涵的民族心理和时代精神，加深对人类社会生活和情感世界的认识和思考； 批判赏析传统文化和多元文化。
内化完善 (C-3)	理解吸收古今中外优秀文化，提高思想文化修养，促进自身精神成长； 有自己的情感体验，从中获得对自然、社会、人生的有益启示； 学习他人口头和书面语言的表达技巧，及时总结表达策略的经验，探索适合自己的表达方式。

二、语文学科内容主题构成

综合现有研究成果和专家意见，语文学科将庞杂的内容主题概括为积累、阅读和表达三个核心方面。其中"积累"包括优秀诗文、经典名著和名言警句三部分；"阅读"划分为文言文、实用类文本、文学类文本三种文本类型；"表达"包含任务型表达和个性化写作两种表达任务（见表2-2）。

表 2-2　语文学科知识主题构成一览表

一级主题	二级主题
积累	优秀诗文
	经典名著
	名言警句
阅读	文言文阅读
	实用类阅读
	文学类阅读
表达	任务型表达
	个性化写作

积累的主要内容是凝聚民族经验与智慧、对学生的语文能力发展具有奠基作用和生成价值的语言材料。学生只有积累一定量的语言材料，才可能在教师的引导下从无序的现象中发现有序的规律，才可能穿越时空、对话先贤，形成创造性地使用语言文字的能力。积累主题中的二级主题优秀诗文，以下题为例，考查了学生对优秀古诗文篇目的背诵和理解能力，并考查了学生对古诗文的运用把握能力。

例题："乡愁"是古代诗歌中一个永恒的主题，雨雪、花草、时令往往能勾起人们心中的离愁别绪。如表现客居他乡的游子思乡的诗句："　①　，　②　。"又如表现戍守边关的将士思乡的诗句："　③　，　④　。"(4分)

编码及说明	参考答案及评标
核心内容主题 文化底蕴 优秀诗文 A-2 熟读成诵至少 240 篇(段)优秀诗文； A-5 体味重要语句的含义，理解重要段落的内容。	【示例】 ①举头望明月；②低头思故乡；③浊酒一杯家万里(或人不寐、羌笛何须怨杨柳、不知何处吹芦管)；④燕然未勒归无计(或将军白发征夫泪、春风不度玉门关、一夜征人尽望乡)。找一句其他诗句。 【评标】 A-2 正确写出①和②，1分；正确写出③和④，1分；A-5 准确理解诗文所表现的不同的乡愁，各1分。

阅读不同类型的文本，需要运用不同的阅读方法。以获得快感为目的的阅读，往往是感性的、随意的，强调整体感受和个人体验，不需要太多的技巧。但是，要想深入到文本内部探求其深层意蕴和美学价值，就要求读者掌握一定的阅读和鉴赏方法。阅读主题中的二级主题文言文阅读，以下题为例，考查了学生对文言文的阅读理解，并在理解文章的基础上提取关键信息，把握文章深层含义。

例题：结合选文内容，说说王孙满是一个怎样的人。(4分)

	编码及说明	参考答案及评标
核心内容主题 阅读方法 文言文	A-3 提取基本要素、重要细节和关键语句，排除干扰信息； A-5 理解作品的内容、深层含义。	【要点一】 A-3 王孙满注意到秦师"免胄而下拜"与"超乘"，1分。 A-5 敏锐的洞察力（"观察仔细"），1分。 【要点二】 A-3 王孙满对"秦师必有谪"的推断与"晋人败诸崤"的结果相吻合，1分。 A-5 有远见，1分。 【评标】 A-3，各1分；A-5，1分。

  针对不同类型的表达任务，学生应当运用不同的策略去完成。任务型表达更强调实用性和规范性，而个性化写作则更强调独特性和创新性。表达主题中的二级主题个性化写作，以下题为例，考查了学生观察生活情景，创新写作的能力，学生可以将现实生活中的感受和领悟作为基础，展开个性化的写作表达。

  例题：请以《时间都去哪了》为题，写一篇结构完整的文章，文体不限。

	编码及说明	参考答案及评标
核心内容主题 表达策略 个性化	A-1 观察生活情境。 B-1(1)考虑不同的目的和对象，选择恰当的内容； B-1(2)表达方式和语言恰当； B-1(3)格式正确、规范。 C-1 创造性地解释、化用，尝试创作，内容创新； C-2 有积累和感受、领悟，认识独特，情感真实。	A-1，2分。 B-1(1)，6分。 B-1(2)，5分。 B-1(3)，3分。 C-1，3分。 C-2，6分。

第二节　测试工具的开发

一、测试工具的基本理念和命题策略

  要实现语文学科能力表现测评的评价目的，必须树立并始终秉持与之相应的理念，并力争将这种理念贯彻渗透到测试工具之中。

(一)关注不同的文化信息

特定的文化背景信息是阅读与写作能力的基础,学校教育应该关注学生的共同文化背景信息的数量和种类。同时,不同的语言文字、文化对阅读与写作教学发挥着重大的作用,在一定程度上说,表达自己的思想情感是一个人的生命活动,也是一个社会活动,不同的语言文字所代表的文化决定着表达的心理过程和表达形式。

语文课程本身就是"人类文化的重要组成部分",《义务教育语文课程标准(2011年版)》明确提出:"认识中华文化的丰厚博大,汲取民族文化智慧。关心当代文化生活,尊重多样文化,吸收人类优秀文化的营养,提高文化品位"。从某种意义上讲,语文学习的过程也是体会和认识民族文化的过程。对民族文化的自信与珍视是传承文化传统、巩固民族认同感的基础。测评体系应充分发挥导向作用,强调学生的语文积累,特别是积累那些凝聚中华民族智慧的凝练、简洁的语言形式,体现中华民族对自然、社会、人生的典型性认识和体验,从而构建共同的国家集体记忆和民族文化背景信息。

(二)借鉴国际评价理念,体现汉语言文字特点

近些年来,国际上一些测评项目逐渐成熟,影响范围不断扩大,梳理这些项目的基本理念、测评框架、测评工具的制定以及报告的撰写,可以得到很多有益的启示。与此同时,还要充分结合我国语文学科的自身特点和实际情况,在评价的价值取向、测评框架、测试工具等层面有所突破、有所创新。

(三)在真实的情境中考查学生的语文实践能力

阅读和写作能力评价应该在更为真实和富有意义的情境中进行。脱离了情境,离开了真实的语言实践活动,阅读和写作活动就会变得机械、枯燥与乏味。语言实践情境越真实、越宏大,越有利于调动学生语言活力。

"生活处处皆语文",从打电话到接物待人,从写留言到写申请书,从浏览报纸杂志到阅读中外名著、游览名胜古迹,无一不涉及语文能力。怎样才能推进语文学习与现实生活的融合?当务之急是评价理念的变革,应摒弃单一、刻板、繁

琐、低效的语文评价方式，以一种全面、长远、综合、开放的眼光，在真实的情境中评价学生的语文能力，引领学生在感受生活、理解生活的过程中实现语文知识的学习和语文能力的提高。

(四)为学生的批判性思维和个性化发展提供空间

批判性思维和个性化发展有利于学生更好地鉴别、筛选和利用纷繁复杂的信息，使学生敢于挑战那些固有观念或权威结论，是学生形成独立人格和自由思想、勇于表达自己立场、发挥想象力和创造力的基础。接受知识的能力突出、独立探究获取知识的能力不足，这是我国学生的普遍状况。语文学业测评理应为学生提供足够的空间和支持，使得那些已经初步具备个性化、批判性思维的学生脱颖而出，引领学生和教师关注和重视批判性思维、个性化发展和创新能力。

二、测试工具构成的基本思路

对于任何学科而言，一次测试不可能涵盖该学科所有的知识和技能，一次测试的结果也不可能精确地代表被试者的真实水平。因此，只能在坚持本学科测试理念的前提下，结合测试时间、时长和被试地域、年段等具体条件进行选点测试。

但是，不同于其他学科，语文课程的首要任务是提高学生的母语水平，因此无论年段高低，语文学科最为核心的能力活动和内容主题是相对稳定且一以贯之的。也就是说，四、八和十一年级的测试工具，都可以实现在核心内容主题和核心能力层级上的全覆盖，通过选取不同的能力要素和调整试题总量、题目难度、测试材料等因素来适应不同年段的需求。

三套试卷均从积累、阅读和表达三个领域考查学生的语文学科能力表现水平。在测试时间、内容和难度分配比例上充分考虑学生的年段差异，经过几次会议讨论之后，最终测试工具的结构分成积累、阅读、写作三部分。具体分值分布见表 2-3、表 2-4。

表 2-3　语文学科初中年段测试工具的结构及分值分布

板块名称(初中)	题目类型(题号)	分值
积累 (共 16 分)	优秀诗文(1、2)	8
	经典名著(3、4)	8
阅读 (共 44 分)	文言文阅读(5~7)	10
	实用类阅读(8~11)	14
	文学类阅读(12~15)	20
表达 (共 40 分)	任务型表达(16、17)	15
	个性化写作(18)	25

表 2-4　语文学科高中年段测试工具的结构及分值分布

板块名称(高中)	题目类型(题号)	分值
积累 (共 15 分)	优秀诗文(1、2)	8
	经典名著(3、4)	7
阅读 (共 45 分)	文言文阅读(5~7)	10
	实用类阅读(8~11)	15
	文学类阅读(12~15)	20
表达 (共 40 分)	任务型表达(16、17)	15
	个性化写作(18)	25

三、测评题目的载体素材(以初中为例)

在确定试题数量、试题比重的基础上，按照能力水平的描述，选择恰当的测试材料是构建一套完整试卷的关键步骤。测试材料是测试内容的物质形式，是测试内容中每一个考查点借以附着的载体，即考查某一测试内容时所选用的特定文字素材，阐释的是关于"用什么考"的问题。

在筛选测试材料的过程中，秉持以下相关原则：首先，测试材料要尽可能接近学生的日常学习生活，进而使学生的能力在尽可能具体、完整的活动中得以客观、真实地展现。测试材料选择的恰当与否，直接影响到测试学生能力发展状况的结果。

测试框架虽然基于《义务教育语文课程标准（2011年版）》理念构建，但其中的优秀诗文、经典名著和名言警句并不限于《义务教育语文课程标准（2011年版）》指定的篇目，也不仅指教科书中的篇目。为了促进学生在教科书以外多读书、读好书、读整本的书，"积累"的素材范围涵盖古今中外的优秀文学作品和成语、俗语、格言等形式多样的语言材料，重点考查学生的阅读量和阅读面。学生的回答符合题目要求即可，不必和参考答案完全一致，倡导源自课外阅读经验的回答。

测评框架中的评价维度落实到阅读材料的类型，就是文学类文本、实用类文本和文言文。其中文学类文本包含诗歌、散文、小说、戏剧等文学样式，实用类文本包含简单的议论文、新闻、说明性文章、科技作品以及由多种材料组合、较为复杂的非连续性文本等。初中的文言文主要指一些较为短小、浅易，且与学生学习过的文言文相关的古代文学作品，学生借助注释和知识迁移即能独立阅读。选材来源并不局限于《义务教育语文课程标准（2011年版）》推荐和教科书选编的篇目，也不一定是一篇完整的文章，但选编素材将借助细致深入的文本分析以确保文本结构的连贯性。此外，所选素材要具有丰富的文化内涵和健康积极的主旨，能够促进学生开阔视野、陶冶情操。具体而言，在选择阅读文段时，命题组充分关注到测试材料的内容、语言与数量三个维度的特点。

从测试材料的内容来看，文段的内容应该符合该阶段学生的认知发展的特点，能够贴近学生日常生活、学习经验，引发学生的阅读兴趣与思考。第一，在文质兼美的前提之下，测试材料的内容应具备广阔、丰富、生动等相关特点，进而促进测试活动的丰富与多样。例如，阅读文段应尽可能提供学生个性化的解读空间，文章的内容主旨不可过于直白，过于单一，尽量给命题者与解读者提供思考的空间。有些文章虽然颇具美感，但是毫无出题点，表达过于直白单一，那么就失去了测试的意义。第二，测试材料应具备时代性特点，内容应新颖，带有一定的时代色彩，避免老套陈旧的内容要素。尤其，命题组会关注测试材料与课文内容的区别度：本项目测试属于能力测试，选择课文中的内容或者练习中的题目，学生表现的真实度受到影响，这样的测试题目判断出的学生能力发展状况，不是学生在某一能力点上的实际能力发展状况。第三，测试材料应关注地域的差异性、性别的认知差别，尽量避免引起学生理解上的障碍与偏差。第四，测试材料的价值观应积极向上，避免暴力倾向、消极情绪的引导，尽量给学生积极的价值影响。第五，要剔除无关信息，以控制长度，减少干扰。考场作答的时间是有限的，要在有限的时间内保证学生有尽可能多的时间用于展现其语文能力的发展状况，而不是阅读无用信息。

从测试材料的语言方面来看，材料的语言应规范，首先，读起来要通顺，尽量避免生僻的字词，尽量避开网络不规范语言的呈现。如果选择译文，尽量选择经典范本式的翻译作品，一定要符合中国人的表达习惯。其次，测试材料的长度应适中，语言应简洁、明了，避免过多专业性、文学性的语言，影响学生阅读。最后，为实现测试的目标，测试材料必须进行必要的修改。比如是否有学生不认识的字，是否要对语言进行调整和润色，等等。

从测试材料的字数角度来看，要针对各个年级学生学习的实际情况，适当调整测试材料的长度。以八年级为例，每篇阅读材料字数不应超过1200字。

指标体系立足于《义务教育语文课程标准(2011年版)》的教学实施建议，力求最大程度地引导学生从现实生活中发现和挖掘写作素材。例如：鼓励学生多尝试在一定情境、活动中的任务型写作，如设计活动方案、广告或宣传语，针对生活中遇到的问题提出具体可行的建议等。同时倡导表述方式和表达内容的个性化。学生可以写真情实感类作文，也可以写想象类作文，还可以围绕某一话题展开想象，叙述一个相对完整的故事。

四、命题的双向细目表（见表2-5、表2-6）

表2-5 初中命题双向细目表

内容领域	评价维度	学习理解能力 A					实践应用能力 B				创新迁移能力 C		
		A-1	A-2	A-3	A-4	A-5	B-1	B-2	B-3	B-4	C-1	C-2	C-3
积累	优秀诗文 sw		熟读成诵至少240篇（段）优秀诗文			理解作品的内容、深层含义；体味重要语句的含义，理解重要语段的内容							
	名著阅读 mz		记忆所读经典名著的涉及重要文学文化常识	提取基本要素、重要细节和关键语句，从文本中捕捉重要的显性信息或隐性信息		理解作品内容及深层含义							
	名言警句 my												
阅读	文言文阅读 wy			提取基本要素、重要细节和关键语句、排除干扰性信息	分析概括文本的内容	理解作品的内容、深层含义		分析文本的观点与材料的逻辑关系			举一反三、运用汉语规律拓展运用	对古诗文进行批判赏析	

续表

内容领域	评价维度	学习理解能力 A					实践应用能力 B				创新迁移能力 C		
		A-1	A-2	A-3	A-4	A-5	B-1	B-2	B-3	B-4	C-1	C-2	C-3
阅读	实用类阅读 sy			提取基本要素，排除干扰性信息	分析概括材料			给出理由，合理解释		分类积累	在阅读材料和实际生活经验之间建立联系		
	文学类阅读 wx			提取基本细节和关键语句，排除干扰性信息	分析概括语句写作特点	理解作品的内容及作者重要情感；理解重要语句、深层内容、深层含义		分析文本观点与材料的逻辑关系				批判赏析课内外文本的思想及内容及情感	
表达	任务型表达 rw			提取基本信息，排除干扰性信息			格式正确，书写规范；根据对象和场合，选择恰当的内容和表达方式				尝试创作		
	个性化写作 gx	观察生活情境					考虑不同的目的和对象，选择恰当的内容；表达方式恰当；语言正确，格式正确、规范				创造性地解释、运用、尝试创作，内容创新	有积累和感受、领悟，认识独特，内心、情感真实	

表 2-6　高中命题双向细目表

内容领域	评价维度	学习理解能力 A					实践应用能力 B				创新迁移能力 C		
		A-1	A-2	A-3	A-4	A-5	B-1	B-2	B-3	B-4	C-1	C-2	C-3
积累	优秀诗文 sw		熟读背诵至少240篇(段)优秀诗文			理解作品的内容、深层含义		分析文本或生活中的观点与材料的逻辑联系,合理推断现象因果关系等					
	名著阅读 mz		记忆所读经典名著涉及的重要文学文化常识	提取基本要素、重要细节和关键语句,从文本中捕捉重要的信息		理解作品的深层含义或文学、文化内涵							
	名言警句 my												
阅读	文言文阅读 wy			准确提取信息	分析概括文本内容;分析主要内容,思想情感和写作特点					分类积累			

续表

内容领域	评价维度	学习理解能力 A					实践应用能力 B				创新迁移能力 C		
		A-1	A-2	A-3	A-4	A-5	B-1	B-2	B-3	B-4	C-1	C-2	C-3
阅读	实用类阅读 sy			提取基本要素，排除干扰性信息	分析概括材料			给出理由，合理解释；解释合理		分类和积累	在阅读材料和实际生活经验之间建立联系		
	文学类阅读 wx			在整体把握的基础上，提取捕捉重要信息；提取基本要素、重要细节和关键语句，排除干扰性信息	分析概括文本的主要内容和思想情感；分析概括文本的写作特点	理解作品的内层含义，深理解作品者的内容及作情感；理解重要语段语句的内容及其作用，了解文章中的写作在文章中的基了解常见文学样式文本特征		分析文本内在的逻辑关系；分析生活中的观点与材料的逻辑关系				批判赏析课文内外文本的思想内容、语言表达及情感	思辨批判，发展和判断能力，善于发现问题，从不同角度和层面对文本进行评价与质疑
表达	任务型表达 rw			提取基本信息，排除干扰信息			格式正确、书写规范；根据对象和场合，选择恰当的内容和表达方式，语言正确、规范				能在阅读材料和生活经验之间建立联系		
	个性化写作 gx	观察生活情境					考虑不同目的和对象，选择恰当的内容和表达方式；语言恰当、格式正确、规范				创造性地解释、尝试运用，创作、创新内容	有积累和感受、领悟、认识，独特感悟，内容创新，情感真实	

五、试题的设计及评标

(一)试卷结构(以 C 测试为例)

义务教育阶段学生语文学习质量监测测试工具的内容领域涉及"积累""阅读"和"表达"三个部分,题目类型包括选择题、填空题、判断题、解答题和写作题等。试卷结构见表2-7。

表2-7　义务教育阶段学生语文学习质量监测试卷结构

	内容分配比例			难度分配比例		
	积累	阅读	表达	较易	中等	较难
四年级(%)	约25	约45	约30	约60	约20	约20
八年级(%)	约15	约45	约40	约60	约20	约20

(二)试卷结构与锚题①设计(以 FH 测试为例)

1. 试卷结构

表2-8、表2-9中呈现了初、高中试卷中积累、阅读、表达三个主题的学习理解能力、实践应用能力、创新迁移能力测试点的分布情况,以及各子内容主题中学习理解能力、实践应用能力、创新迁移能力测试点的分布情况。从学习理解能力、实践应用能力、创新迁移能力测试点分布情况看,各能力要素全部覆盖。从各内容主题测试分布情况看,积累主题学习理解能力水平测试点偏多。

表2-8　初中语文学科基于内容主题的能力表现编码框架

内容领域	评价维度	学习理解能力 A					实践应用能力 B				创新迁移能力 C		
		A-1	A-2	A-3	A-4	A-5	B-1	B-2	B-3	B-4	C-1	C-2	C-3
文化底蕴	优秀诗文 sw		√			√		√					
	名著阅读 mz		√	√		√							
	名言警句 my												

---

① 锚题:在每份等值的试卷中采用的同组题目。

内容领域	评价维度	学习理解能力 A					实践应用能力 B				创新迁移能力 C		
		A-1	A-2	A-3	A-4	A-5	B-1	B-2	B-3	B-4	C-1	C-2	C-3
阅读方法	文言文阅读 wy			✓	✓	✓		✓			✓	✓	
	实用类阅读 sy			✓	✓			✓		✓	✓		
	文学类阅读 wx			✓	✓	✓		✓				✓	
写作策略	任务型写作 rw				✓		✓					✓	
	个性化写作 gx	✓					✓					✓	✓

表2-9　高中语文学科基于内容主题的能力表现编码框架

内容领域	评价维度	学习理解能力 A					实践应用能力 B				创新迁移能力 C		
		A-1	A-2	A-3	A-4	A-5	B-1	B-2	B-3	B-4	C-1	C-2	C-3
文化底蕴	优秀诗文 sw		✓			✓		✓					
	名著阅读 mz		✓	✓		✓							
	名言警句 my												
阅读方法	文言文阅读 wy			✓	✓					✓			
	实用类阅读 sy			✓	✓			✓		✓	✓		
	文学类阅读 wx			✓	✓	✓						✓	✓
写作策略	任务型写作 rw						✓						
	个性化写作 gx	✓					✓					✓	✓

2. 锚题设计

积累、阅读、表达三个内容主题当中，共设计锚题56道。积累部分设计锚题13道，优秀诗文6道，其中，七年级至十一年级2道，七年级至九年级2道，十年级至十一年级2道。经典名著7道，其中，七年级至十一年级1道，七年级至九年级3道，十年级至十一年级3道；阅读部分设计锚题28道，文言文阅读10道，其中，八年级至九年级6道，十年级至十一年级4道。实用类阅读10道，其中，七年级至十一年级6道，七年级至九年级2道，十年级至十一年级2道。文学类阅读8道，均为八年级至九年级锚题；表达部分设计锚题15道，任务型表达9道，其中，七年级至十一年级3道，七年级至九年级3道，十年级至十一年级3道，个性化写作6道，均为七年级至十一年级锚题。

语文试卷中，针对学习理解、实践应用和创新迁移三大能力主题，共设计锚题37道(见表2-10)。其中，针对学习理解能力设计锚题21道，七年级至十一年级锚题7道，七年级至九年级锚题2道，八年级至九年级锚题7道，十年级至十一年级锚题5道；针对实践应用能力设计锚题10道，七年级至十一年级锚题3道，七年级至九年级锚题2道，八年级至九年级锚题2道，十年级至十一年级锚题3道；针对创新迁移能力设计锚题6道，七年级至十一年级锚题1道，七年级至九年级锚题2道，八年级至九年级锚题1道，十年级至十一年级锚题2道。

表2-10　锚题信息

	年级	主题	锚题题号
1	七年级到十一年级	积累	1，3
2	七年级到九年级	积累	1~4
3	十年级、十一年级	积累	1~4
4	八年级、九年级	(文言文)阅读	5~7
5	十年级、十一年级	(文言文)阅读	5~7
6	七年级到十一年级	(实用类)阅读	8~10
7	七年级到九年级	(实用类)阅读	8~11
8	十年级、十一年级	(实用类)阅读	8~11
9	八年级、九年级	(文学类)阅读	12~15
10	七年级到十一年级	任务型表达	16
11	七年级到九年级	任务型表达	16~17
12	十年级、十一年级	任务型表达	16~17
13	七年级到十一年级	个性化写作	18

以阅读部分中实用类阅读题目的第10题为例，该题目为七年级至十一年级的锚题，考查了学生学习理解能力下的记忆能力，以及实践应用能力下的解释推断能力。将该题目作为锚题，可以考查不同年级学生在作答同一道题目时，在相

同能力点上表现出的不同情况，进而通过对比分析，对各年级学生的语文学科能力做出描述和评价。

第三节　测试的组织与实施

一、试卷及试题评估（以 C 测试为例）

（一）样本信息

本次测试样本选取覆盖范围广，各个年级设计全面，分别选取了层次不同的三类学校。具体学校及其年级分布见表 2-11。

表 2-11　C 项目测试样本选取信息

序号	学校	学段	测试时间(9 月 17 日)
1	BS 中学	高中	
2		初中	
3	CJL 中学	高中	下午 4:00—5:30
4		初中	语文 3:15—5:15； 其他学科 3:15—4:45
5	GDF 中学	高中	
6		初中	
7	QHF 中学	高中	十二年级：15:25—16:55 十年级和十一年级：15:25—17:25
8		初中	八年级：14:45—16:45 九年级：15:05—16:35
9	SLT 中学	高中	下午 1:50—3:20 (语文 1:50—3:50)
10		初中	

序号	学校	学段	测试时间(9 月 17 日)
11	RDFC 中学	高中	十年级：语文 15:30—17:30 其他学科 16:00—17:30 十一年级：语文 15:20—17:20 其他学科 15:20—16:50 十二年级：16:00—17:30
12		初中	八年级：语文 15:50—17:50 其他学科 16:20—17:50 九年级：16:10—17:40
13	HG 中学	高中	16:00—17:30
14	YYJ 中学	高中	
15		初中	
16	TS 中学	高中	
17		初中	
18	ZYF 中学	高中	十年级和十一年级：2:45—4:45 十二年级：2:45—4:15
19		初中	八年级：2:45—4:45 九年级：2:45—4:15
20	EWF 中学	高中	八年级和九年级：1:00—3:00
21		初中	十年级：上午 10:00—12:00 十一年级和十二年级：1:00—3:00

(二)测评工具的质量评估

为了评估和提高测试工具的质量，各学科协同组织了一次三人出声测试，下面报告这次测试数据所反映的现象和问题。

1. 三人出声测试

2013 年 9 月 7 日，为了检验 C 项目试卷的合理性，了解学生具体情况并有针对性地细化和丰富预设的评分标准，组织了此次出声测试。

由于项目组和 C 区教研员以及 DFDC 学校负责老师在沟通上的一些偏误，导致学生人数不够，未事先分好学科和教室，每个年级参与测试的三位学生也并非如要求的那样分别代表优秀、中等、偏差三个层次等问题，影响了测试的时间安排。此次出声测试的实际时间和其他基本信息见表 2-12。

表 2-12　C 项目出声测试基本信息

年级	测试时间		测试地点	测试对象数量	测试员
	考试时间	访谈时间			
八年级	8:00—9:30（后延长至 9:50）	10:00—11:30	BJ 市 C 区 DFDC 学校 S 校区	3	马曼曼
十年级	8:21—9:51（后延长至 10:10）	10:00—11:30	HM 校区	3（其中 1 人迟到，未完成写作试题）	李婧
十一年级	8:07—9:37（后延长至 10:00）	10:10—11:30		3	宋波

按照项目组之前的统一规定，语文学科将原来 120 分钟的测试时长改为 90 分钟。在此次实际测试中，初中 3 名准时到场的学生虽然在 90 分钟内完成了试卷，但是感觉时间不够充足；高中 5 名准时到场的学生在测试开始 90 分钟后都没有答完，最快的学生也只完成了个性化写作的一半。经语文组负责人与总负责人和校方商议，将每个年级语文测试的时间延长到至少两名学生完成试卷。最终结果显示，三个年级的多数学生都在考试开始后约 110 分钟时完成作答。也就是说，语文学科面临压缩题目数量和延长测试时间两种选择。

经讨论，语文学科认为对于初高中而言，如果将题目压缩到 90 分钟以内就要完成的量，必然会影响测试的覆盖面和科学性。因此，与 C 区的几位负责人商议后决定，语文学科仍按 120 分钟的测试时长组卷。

2. 访谈过程和结论

通过对参与测试的学生进行访谈，了解他们对测试工具的主观感受和评价，为评估试题数量、难度等指标提供参考。

学生对试卷的整体感觉良好。当被问及此次试卷和以往接触的语文卷子是否一样时，学生都认为只对文学类阅读和个性化写作比较熟悉，其他题目与以往考试相比都有很大不同，不但数量上有所精简，而且题型上也有很大变化。尤其是积累部分，与平常所做的基础知识题目差别很大，实用类阅读和任务型表达也很新颖，有综合性学习的味道。

大多数学生对这些"不一样"持欣赏态度，但同时也担心自己得不到分、复习时抓不住重点。也就是说，学生认为这套试题与其日常课堂语文学习的联系并不紧密。究其原因，还是在于如今的语文教学依然奉行"考什么，教什么。怎么考，怎么学"的理念，以往的语文测试都考字音、字形、字义、病句修改，所以语文教学必然将重点放在这些地方，学生有这样的顾虑也在情理之中。

于是，测试员提出了这样的假设和问题："如果以后的考试都和这套试卷一样，或者开放度更大，只要你读了一定量的书籍就能拿到分，你觉得语文教学会相应地发生变化吗？如果会，你觉得会是什么样的变化？你希望这样的变化发生吗？"大部分学生都表示期待变化的发生。

试题难度适当。学生认为回答起来最得心应手的还是他们熟悉的阅读和写作题，经典名著试题对学生来说挑战性最大。一名学生上交试卷后第一句话就是："我真后悔没多读点书！"这句话可谓代表了很多学生的心声。

三篇阅读文本中，答题情况最好的是文学类文本。学生表示：和文言文相比，他们更加喜欢阅读现代文；实用类文本和文学类文本相比，他们更倾向于阅读后者。原因是他们对文言文的阅读仅局限于语文课堂，课下则很少触及；实用类文本比较注重结合生活实践，而这恰恰是他们所欠缺和薄弱的地方。

题干表述准确清晰。学生认为试卷不存在题干表述不清、令人莫名其妙的问题。十一年级一位学生提出异议后发现是自己未审清题目，而非题干本身存在偏误。

试题能力导向鲜明。学生对积累、实用类阅读和任务型表达予以了肯定，认为这些题型贴近生活实际，可以真正反映一个人对语言文字的应用能力和文学文化底蕴。有两名学生在谈到自己理想的语文试卷时，认为语文考试最好就是让学生围绕一个主题或题目自由发挥、自由写作。两名学生觉得如果能将这套试卷与以往试卷结合起来，则既能让语文能力强的学生脱颖而出，也能让稍微差一点的学生得到一些分数。

能起到引导语文学习的作用。通过完成这套试卷，学生最突出的感受就是自己的阅读量太小、阅读面太窄，导致积累部分答得不太理想，今后要多读书、读好书。语文学科能力表现测试的重要目的之一就是引导语文教学的改进，学生能够通过这次测试自觉地发现自己在语文学习方面的问题并想办法解决，证明测试在某种程度上达到了改善学生语文学习的目的。

3. 测试员的感受

关于阅读量小的原因，学生普遍反映不仅和自己的阅读兴趣有关，更和缺少课外阅读的机会和时间有关，希望学校和老师能够给予他们更多的时间阅读经典名著等优秀的课外书籍。

实际上，这套试题积累部分的题量虽少，却能在很大程度上考查学生的阅读量和阅读面。但是，目前大多数学生的实际阅读状况还很难达到理想水平。学生的课外阅读时间少，课外阅读书目单一，缺乏必要的课外阅读指导等都是亟待老师和学校解决的问题。

二、试卷及试题评估(以 FH 测试为例)

(一)试卷信度

本次测试的时间为 2014 年 3 月，各年级的学生已完成第一学期的全部课程，未开始学习第二学期课程。

测试学校类型及各学校测试人数见表 2-13。

表 2-13　有效测试样本信息

	一类校	二类校	三类校	四类校	总计
H 区初中	335	815	247	277	1674
F 区初中	443	354	337	0	1134
H 区高中	177	242	68	115	602
F 区高中	385	264	260	0	909

测试工具信度如下：

利用 Winsteps 软件单维 Rasch 模型检验测试工具总体信度。利用 ConQues

软件多维 Rasch 模型检测试题各维度信度。

第一种按学习理解能力—实践应用能力—创新迁移能力划分为三个维度，第二种按积累—阅读—表达划分为三个维度。总体信度和各维度信度见表 2-14。

表 2-14 语文学科工具信度

单维		多维		
信度	学生/试题 0.87/1.00	学习理解 0.605	实践应用 0.824	创新迁移 0.563
		积累 0.795	阅读 0.843	表达 0.870

(二)试题与模型匹配度

利用单维 Rasch 模型所得各题 MNSQ(WEIGHTED FIT)值[①]见表 2-15。

表 2-15 语文学科试题 MNSQ 值

试题编码	MNSQ	试题编码	MNSQ	试题编码	MNSQ	试题编码	MNSQ
YM0809Y1302A4	1	Y11Y1403C2	1.09	Y07Y0702C2	1.08	Y07Y1202A4	0.98
YM0809Y1301A3	0.99	YM0809Y0701A5	0.96	YM0711J0301A3	1.09	YM1011B1701B1	0.86
Y07Y1402A5	1.04	YM0809Y1402B2	0.98	YM0709B1703C1	1.02	YM0709Y1102C1	0.96
Y11Y1402B2	1.01	Y10Y1301A4	0.92	Y10Y1502B2	0.88	Y07Y1401A4	0.95
YM0809Y0601A3	0.95	YM0711B1806C2	1.01	YM1011B1703C1	0.78	YM0711Y1003B4	0.9
Y07Y1302A5	1.02	Y10Y1201A4	1.12	Y10Y1402A5	0.99	YM0711Y1002B2	0.91
YM0709J0403A5	1	YM0809Y0502A4	1.22	Y11Y1301A3	1.17	YM0711Y0901A3	0.96
Y11Y1302A5	0.93	YM0711Y0801A3	1.11	YM0709J0201A2	0.99	YM0711B1602B1	1.01
YM0709B1701B1	1.02	YM1011J0201A2	1.17	YM0709J0401A2	0.95	Y07Y0601A3	0.81
YM0711B1805C1	0.97	Y10Y1401A4	0.99	Y11Y1202A4	1.08	YM1011B1702B1	0.8
YM0809Y1401A5	0.97	YM0809Y0501A3	1.27	Y07Y1301A4	1.06	YM0709B1702B1	0.94
YM0711B1801A1	0.86	YM0809Y0602A5	0.96	YM1011Y1101B2	1.05	Y07Y1502B2	0.96
Y10Y1202A5	0.98	YM0711B1802B1	0.95	YM0809Y1502C2	0.96	Y07Y1201A3	1.01

① MNSQ 值即为试题与模型匹配度值。

续表

试题编码	MNSQ	试题编码	MNSQ	试题编码	MNSQ	试题编码	MNSQ
YM1011Y0502A4	0.97	YM0711Y0902A4	1	YM0809Y0702B2	0.97	YM1011Y1102C1	1.06
YM0809Y1303A5	1.1	YM0709J0402A3	0.97	YM1011Y0501A3	1.04	YM1011Y0601B4	1.38
Y10Y1501A5	0.86	YM0711J0101A2	1.02	YM0711B1601A3	1.04	YM0711B1603B1	0.91
Y10Y1302A5	0.97	YM1011J0403A5	1.01	Y07Y0602A4	0.85	YM0709Y1101B2	0.9
YM0809Y1501A5	0.88	YM1011J0402A3	1.14	Y07Y0701C1	1.26	YM0809Y1201A3	1.28
YM1011Y0701A4	1.12	Y11Y1501A4	1.06	YM0709J0202A5	0.99	Y07Y0501A5	1.03
Y07Y1503C2	1.32	YM1011J0401A2	1.05	YM0711Y1001A2	1	Y11Y1201A3	0.98
Y11Y1502C3	1.04	YM1011J0202B2	1.19	YM0711J0102A5	1.04	Y07Y1501A5	0.95
Y11Y1401A4	1.07	YM0711B1803B1	0.93	YM0711B1804B1	0.86		

95％的试题指标值在统计合理范围，即 0.7～1.3 之间，符合要求。

所有试题经过单维 Rasch 模型和多维 Rasch 模型检验。经单维 Rasch 模型检验，98.4％的试题 MNSQ 值在 0.73～1.3 之间；经多维 Rasch 模型检验，学习理解—实践应用—创新迁移多维检验94％的试题 MNSQ 值在 0.7～1.3 之间，各内容主题多维检验100％的试题 MNSQ 值在 0.7～1.3 之间，基本符合要求（见表 2-16）。

表 2-16 试题的 MNSQ 值

	MNSQ 在 0.7～1.3 的试题比例	MNSQ 最大值	MNSQ 最小值
总单维	97.7％	1.38	0.78
ABC 能力多维	95.4％	1.63	0.81
各内容主题多维	97.7％	1.71	0.78

(三)怀特图

利用 Rasch 模型对学生样本的测查数据进行量化分析，可得到相应怀特图。图中，最左端数值为被试水平和试题难度的 logit 值，作为标尺用于标定题目难度与学生能力的对应关系；中间 X 表示被试，其中，图中每个"X"代表一定数量的样本，被试的水平自下而上依次升高；右端数字为试题编码。同一行学生与试题编码对应，表示这些学生回答对这些题的概率是 50%，达到了同一行对应试题要求的水平。

根据怀特图（见图 2-1）可知学生样本和试题均基本呈现正态分布，试题难度的正态分布峰值比学生能力分布的最大值略高，有部分难度值较高的题目没有能力与之对应的学生，同时针对低水平学生的题目略少。考虑到本次学生样本没有包含 BJ 市最高水平学校的高三学生，所以应该保留高水平题目，同时适当增加

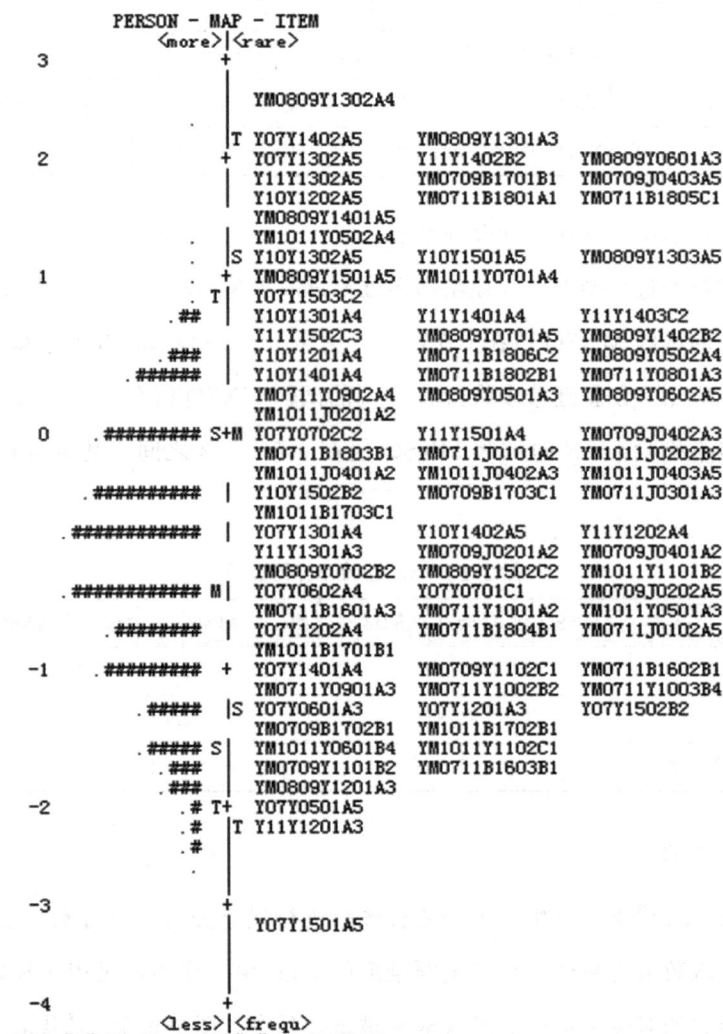

```
        PERSON - MAP - ITEM
            <more>|<rare>
 3          +
            |
            |    YM0809Y1302A4
            .
           T|  Y07Y1402A5      YM0809Y1301A3
 2          +  Y07Y1302A5      Y11Y1402B2      YM0809Y0601A3
            |  Y11Y1302A5      YM0709B1701B1   YM0709J0403A5
            |  Y10Y1202A5      YM0711B1801A1   YM0711B1805C1
            |  YM0809Y1401A5
            .|  YM1011Y0502A4
           S|  Y10Y1302A5      Y10Y1501A5      YM0809Y1303A5
 1          |  YM0809Y1501A5   YM1011Y0701A4
          .T|  Y07Y1503C2
       . ##  |  Y10Y1301A4     Y11Y1401A4      Y11Y1403C2
            |  Y11Y1502C3      YM0809Y0701A5   YM0809Y1402B2
     . ###  |  Y10Y1201A4     YM0711B1806C2   YM0809Y0502A4
  . #####   |  Y10Y1401A4     YM0711B1802B1   YM0711Y0801A3
            |  YM0711Y0902A4   YM0809Y0501A3   YM0809Y0602A5
            |  YM1011J0201A2
 0  . ######## S+M  Y07Y0702C2  Y11Y1501A4     YM0709J0402A3
            |  YM0711B1803B1  YM0711J0101A2    YM1011J0202B2
 . #########  |  YM1011J0401A2  YM1011J0402A3  YM1011J0403A5
            |  Y10Y1502B2     YM0709B1703C1    YM0711J0301A3
. #########  |  YM1011B1703C1
. ##########  |  Y07Y1301A4    Y10Y1402A5       Y11Y1202A4
            |  Y11Y1301A3     YM0709J0201A2    YM0709J0401A2
            |  YM0809Y0702B2  YM0809Y1502C2    YM1011Y1101B2
. ##########  M|  Y07Y0602A4   Y07Y0701C1      YM0709J0202A5
            |  YM0711B1601A3  YM0711Y1001A2    YM1011Y0501A3
 . #######  |  Y07Y1202A4    YM0711B1804B1     YM0711J0102A5
            |  YM1011B1701B1
-1  . ########  +  YM0709Y1102C1  YM0711B1602B1
            |  YM0711Y0901A3  YM0711Y1002B2    YM0711Y1003B4
  . ####   |S  Y07Y0601A3    Y07Y1201A3        Y07Y1502B2
            |  YM0709B1702B1  YM0711B1702B1
 . ####  S|  YM1011Y0601B4  YM1011Y1102C1
    .###   |  YM0709Y1101B2  YM0711B1603B1
    .###   |  YM0809Y1201A3
-2     .#  T+  Y07Y0501A5
       .#   |T  Y11Y1201A3
       .#   |
            .
            |
-3          +
            |    Y07Y1501A5
            |
            .
-4          +
         <less>|<frequ>
```

图 2-1 语文学科单维怀特图

低难度题目。

　　同时，利用 ConQues 软件多维 Rasch 模型可得义务教育阶段语文学科各主题测试怀特图。根据怀特图（见图 2-2）可知学生在表达主题中的表现好于积累好于阅读。

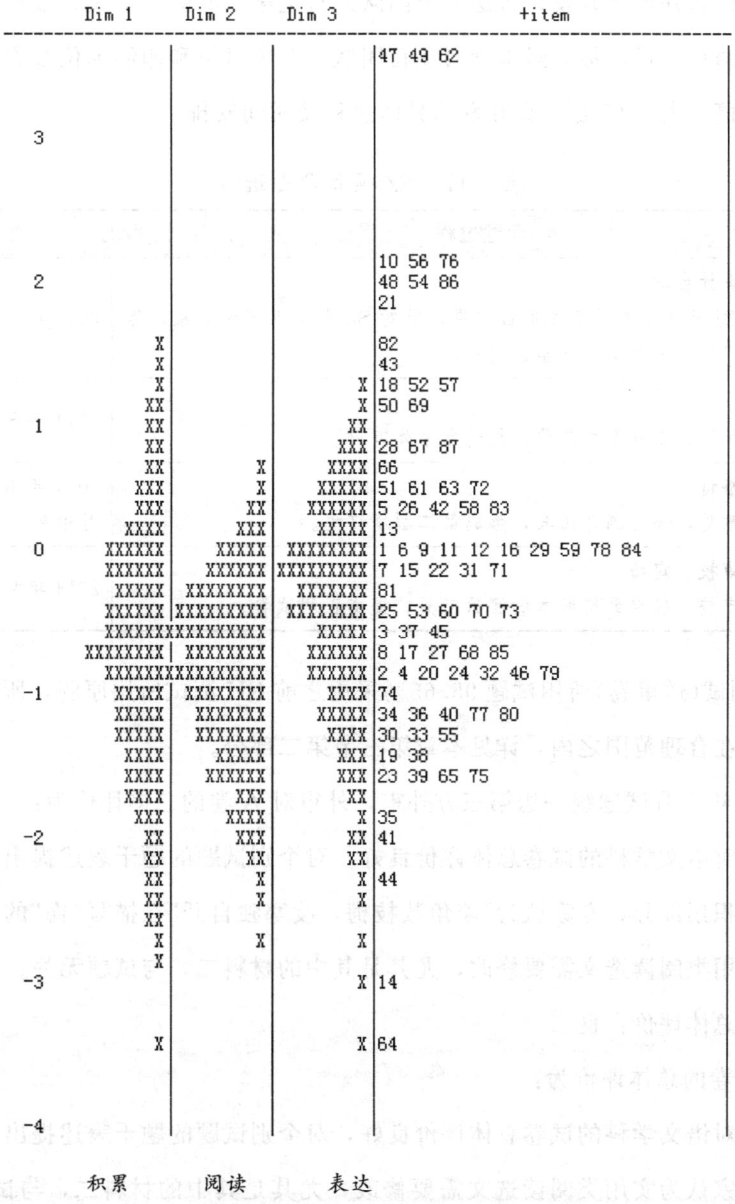

```
                 Dim 1      Dim 2      Dim 3              +item
        ----------------------------------------------------------------------
                                                  |47 49 62

          3


                                                  |10 56 76
          2                                       |48 54 86
                                                  |21
                            X                     |82
                            X                     |43
                            X                 X   |18 52 57
                            XX                X   |50 69
          1                 XX               XX
                            XX              XXX   |28 67 87
                            XX      X      XXXX   |66
                            XXX     X      XXXXX  |51 61 63 72
                            XXX     XX     XXXXXX |5 26 42 58 83
                            XXX            XXXXX  |13
          0           XXXXXX      XXXXX    XXXXXXXXX |1 6 9 11 12 16 29 59 78 84
                      XXXXXX      XXXXX   XXXXXXXXXX |7 15 22 31 71
                      XXXXX    XXXXXXX    XXXXXXX |81
                      XXXXXX   XXXXXXXX   XXXXXXX |25 53 60 70 73
                      XXXXXXX  XXXXXXXX   XXXXX   |3 37 45
                      XXXXXXXX  XXXXXXXX  XXXXXX  |8 17 27 68 85
                      XXXXXXXXXXXXXXXX   XXXXXX   |2 4 20 24 32 46 79
         -1           XXXXX    XXXXXXXX   XXXX    |74
                      XXXXX    XXXXXXXX   XXXXX   |34 36 40 77 80
                      XXXXX    XXXXXXX    XXXX    |30 33 55
                      XXXX     XXXXX      XXX     |19 38
                      XXXX     XXXX       XXX     |23 39 65 75
                      XXXX     XXX        XX
                      XXXX     XXXX       X       |35
         -2           XX       XXX        XX      |41
                      XX       XX         XX
                      XX       X          X       |44
                      XX       X          X
                      XX
                      X        X          X
                      X
         -3                                X      |14


                      X                    X      |64



         -4
        ----------------------------------------------------------------------
                   积 累      阅 读        表 达
```

图 2-2　全部样本基于多维 Rasch 模型的怀特图

三、试卷及试题评估(以 SZ 测试为例)

本项目采用规范、严谨的程序开发测评工具,主要包括基于前期测评成果筛选高质量试题并拓展开发,报送专家团队进行逐题项的匿名审议,根据外审反馈意见深入修订工具,最后经由学科项目团队、总项目组和印制单位多方审校,形成正测定稿。表 2-17 是工具开发的具体过程及时间安排。

表 2-17 SZ 项目命题进程

命题过程	时间
测评工具设计启动 基于前期 BJ 地区大规模测评项目成果,针对 SZ 十年级测评对象,筛选高质量试题,予以必要调整、增补。	2014 年 5 月
专家外审 完成第一版测评工具组卷工作,报送专家外审评议。	2014 年 8 月中旬
测评工具修订 基于外审意见,修订测评工具,形成第二版修订稿。	2014 年 8 月底至 9 月中旬
测评工具审校、定稿 经过多方审校,确定最终版本的测试工具,提交正测试卷。	2014 年 9 月底

SZ 测试(送审卷)所用试题 95.65% 采用之前 FH 测试所用原题,所选题目各项指标均在合理范围之内,详见本章第三节第二部分。

2014 年 8 月试题统一送第三方外审,外审对 A 卷的总体评价为:

专家对语文学科的试卷总体评价良好,对个别试题的题干表述提出了针对性意见。在积累部分,专家认为"墙角数枝梅,凌寒独自开"在描写"梅"的外形上不典型,实用类阅读选文需要修改,尤其是其中的材料二,与试题无关。

试卷总体评价:良。

对 B 卷的总体评价为:

专家对语文学科的试卷总体评价良好,对个别试题的题干表述提出了针对性意见。专家认为实用类阅读选文需要修改,尤其是其中的材料二,与试题无关;对送审的 B 卷中的个性化写作中的提示语提出质疑,认为材料过难,影响学生的审题，从而对学生的写作产生障碍。

试卷总体评价：良。

在经过外审专家的评审之后，专家对本套试卷在测量目标、内容领域、试题难度、试题形式、长度、指示语等方面给予了充分的肯定。其中 A 卷中的优秀率、良好率和合格率分别是优秀率 41.03％、良好率 51.28％、合格率 7.69％；B 卷优秀率为 21.05％，良好率为 78.05％。A 卷的平均难度值为 0.67；B 卷为 0.65。除此之外，专家对本套试卷的意见为 A 卷：同意：74.36％，比较同意：20.51％，一般同意：5.13％；B 卷：同意：76.32％，比较同意：23.68％，专家在阅读方面给了很多建设性的意见，如实用类阅读的选文、个性化写作中的提示语等，我们对此进行了全面的修改。

最终定稿问卷共有不重复的采分点 41 个，各能力要素和各主题的分布，见表 2-18、表 2-19。

表 2-18　各能力要素采分点分布

能力要素	二级能力要素	采分点数量	二级能力要素百分比	能力要素百分比
学习理解	观察注意	1	2.4％	58.5％
	记忆	4	9.8％	
	信息提取	9	22.0％	
	分析概括	4	9.8％	
	领会理解	6	14.6％	
实践应用	应用交际	7	17.1％	29.3％
	解释推断	5	12.2％	
	解决问题	0	0	
	策略应用	0	0	
创新迁移	发散创新	3	7.3％	12.2％
	批判赏析	2	4.9％	
	内化完善	0	0	

表 2-19　各主题采分点分布

	采分点数目	百分比
优秀诗文	4	9.8%
经典名著	4	9.8%
文言文阅读	4	9.8%
实用类阅读	9	22.0%
文学类阅读	8	19.4%
任务型表达	6	14.6%
个性化写作	6	14.6%
总计	41	100%

为使 A、B 两题册的试题能够根据项目反应理论形成整体测试工具，定稿试卷中加入了 A、B 卷锚题（全部阅读、表达题和部分积累题）。锚题在各能力要素和主题的分布情况见表 2-20、表 2-21。

表 2-20　锚题在各能力要素的分布情况

能力要素	A-1	A-2	A-3	A-4	A-5	B-1	B-2	B-3	B-4	C-1	C-2	C-3	合计
采分点数量	1	2	8	4	5	7	4	0	0	3	2	0	36
	20					11				5			

表 2-21　锚题在各主题的分布情况

主题	优秀诗文	经典名著	文言文阅读	实用类阅读	文学类阅读	任务型表达	个性化写作	总计
采分点数量	2	1	4	9	8	6	6	36

第三章

语文学科能力总体
表现评价结果

第一节 语文学科能力表现总体水平

一、样本情况

本次测试的对象为 C 区 9 所学校的共 300 名学生，其中初中部分有效试卷 248 份，无效试卷 52 份；高中部分有效试卷 242 份，无效试卷 58 份。所用试卷根据 C 区的具体要求、语文学科特征和学生的年级特点命制。前期进行的多次论证和修改，保证了测试框架的专家信度。阅卷人员经过严格的培训，最大限度地保证了评分的科学性和公平性。因此，本次测试具备可信的理论模型。

本次测试在 C 区选取样本具体情况如下：初中选择八年级，包括一类校 114 人，二类校 83 人，三类校 51 人；高中选择十一年级，包括一类校 121 人，二类校 89 人，三类校 32 人。样本信度见图 3-1、图 3-2。

```
-----------------------------------------------------------------------
| PERSON    249 INPUT     249 MEASURED              INFIT      OUTFIT  |
|           TOTAL    COUNT     MEASURE  REALSE   IMNSQ  ZSTD  OMNSQ  ZSTD|
| MEAN      34.5     34.0      0.08     0.40     1.06   0.1   1.08   0.1|
| S.D.      11.8     0.0       1.25     0.11     0.54   1.1   0.92   1.1|
| REAL RMSE  0.41 TRUE SD      1.18  SEPARATION  2.86 PERSON RELIABILITY 0.89|
|---------------------------------------------------------------------|
| ITEM       34 INPUT      34 MEASURED              INFIT      OUTFIT  |
|           TOTAL    COUNT     MEASURE  REALSE   IMNSQ  ZSTD  OMNSQ  ZSTD|
| MEAN      252.0    249.0     0.00     0.17     1.01  -0.1   1.08  -0.2|
| S.D.      334.5    0.0       1.71     0.05     0.26   2.0   0.70   1.7|
| REAL RMSE  0.18 TRUE SD      1.70  SEPARATION  9.61 ITEM  RELIABILITY 0.99|
-----------------------------------------------------------------------
```

图 3-1 样本信度(初中)

```
-----------------------------------------------------------------------
| PERSON    247 INPUT     247 MEASURED              INFIT      OUTFIT  |
|           TOTAL    COUNT     MEASURE  REALSE   IMNSQ  ZSTD  OMNSQ  ZSTD|
| MEAN      35.0     37.0      0.71     0.32     1.0T   0.0   1.03   0.0|
| S.D.      10.3     0.0       0.90     0.08     0.57   1.0   0.68   1.1|
| REAL RMSE  0.33 TRUE SD      0.83  SEPARATION  2.50 PERSON RELIABILITY 0.86|
|---------------------------------------------------------------------|
| ITEM       37 INPUT      37 MEASURED              INFIT      OUTFIT  |
|           TOTAL    COUNT     MEASURE  REALSE   IMNSQ  ZSTD  OMNSQ  ZSTD|
| MEAN      233.4    247.0     0.00     0.16     0.99   0.0   1.03   0.0|
| S.D.      281.3    0.0       1.41     0.06     0.14   1.8   0.25   2.0|
| REAL RMSE  0.17 TRUE SD      1.40  SEPARATION  8.00 ITEM  RELIABILITY 0.98|
-----------------------------------------------------------------------
```

图 3-2 样本信度(高中)

信度（Reliability）主要是指测量结果的可靠性、一致性和稳定性，即测验结果是否反映了被测者的稳定的、一贯性的真实特征。

如初中图所示，样本方面，总误差（Real Rmse）是 0.41，准差是 0.87；分离系数为 3.22，样本信度为 0.89。根据测量学标准，信度大于等于 0.8 为可信，初中样本信度为 0.89，样本可信。

如高中图所示，样本方面，总误差（Real Rmse）是 0.33，准差是 0.83；分离系数为 2.50，高中样本信度为 0.86，样本可信。

二、能力水平的等级划分

根据理论模型和实测结果，我们将语文学科能力划分为 4 级水平，并解读了各水平内涵。

水平划分主要综合考虑试题的学科能力要素指标和用 Rasch 模型处理测试数据后得到的试题难度值两个因素，通过逻辑分析初步划定水平等级，再用 SPSS17.0 对各水平进行单因素方差分析，检验各水平间是否存在显著性差异，最后确定各水平所对应的试题难度值范围。水平划分的程序如下：

第一步，编制 Item Map，其中包括试题难度、试题编号、试题指标和学生典型表现四个部分，并按试题难度值排序，样例见表 3-1。

表 3-1　语文高二年级试题的 Item Map

试题难度	试题编号	试题描述	知识	能力要素	学生典型表现
2.06	Y11Y1402B2	准确解说作者这样表达的情感和意图	文学类阅读	B-2 分析生活中的观点与材料的逻辑关系	满分示例："被窝"是作者寄予愿望的事物。（101 中学）
0	YM1011J0403A5	在③处能评析环境描写的作用，2 分，答出任意两点可得满分	经典名著	A-5 理解作品的深层含义或文学、文化内涵	满分示例：雷声、雨声营造出一种紧张、压抑的气氛，黑暗预示着悲剧的上演。（八一中学）

第二步，根据题目的试题指标，综合考虑语文学科能力水平，结合题目的难

55

度值，划定水平。根据课标及学生的实际水平进行各个水平的描述，将学生的学科能力表现由低到高分为 4 个水平。

第三步，利用 SPSS17.0 进行单因素方差分析，检验各水平间是否具有显著性差异。

第四步，确定各水平对应的试题难度值范围。由于各试题的难度值不是连续数值，因此相邻的学科能力水平层级的试题难度值范围不连续。为了解决这一问题，采用相邻水平两个难度相邻的试题难度值的中值为高水平能力层级的下限和低水平能力层级的上限。

MEASURE	ITEM	水平
3.99	Y080Y0601svA3	4
2.84	Y080W0201swA2	4
2.79	Y080Y0501wvA3	4
2.65	Y080W0301mzA3	4
2.28	Y080W0203swC2	4
2.03	Y080W0302mzA5	4
	Y080Y0603svB2	4
1.9	Y080Y1202wxB2	3
1.53	Y080W0202swA5	3
1.23	Y080Y0602svA4	3
0.86	Y080B1505gxC1	3
0.52	Y080B1506gxC2	3
-0.01	Y080B1303rwB1	2
-0.07	Y080Y1203wxC3	2
-0.4	Y080B1502gxB1	2
-0.41	Y080Y1201wxA5	2
-0.43	Y080B1402rwB1	2
-0.61	Y080Y0502wvA4	2
-0.66	Y080Y1102wxC3	2
-0.73	Y080Y0402wvA5	2
-0.73	Y080Y1001wxB2	2
-0.77	Y080Y0401wvA3	2
-0.94	Y080Y1002wxC3	2
-0.96	Y080B1302rwB1	2
-1.04	Y080Y1101wxB2	2
-1.27	Y080Y0901wxA3	1
-1.59	Y080Y0902wxA4	1
-1.65	Y080Y0503wvA5	1
-1.8	Y080Y0801svB3	1
-1.95	Y080B1401rwB1	1
-1.95	Y080B1501gxA1	1
-1.98	Y080B1503gxB1	1
-2.26	Y080B1301rwA3	1
-2.43	Y080B1504gxB1	1

图 3-3　初中能力水平等级划分

如图 3-3 所示，从左至右，依次表示的是试题的难度值、试题编码和相应的水平等级划分。本次测试初中部分以八年级为例，根据难度值，共分为四个等级，水平 4 为最高水平，以此类推。由图可知，本次测试中，初中部分的水平 4 集中在 A 能力，即学习理解能力；在内容主题上，水平 4 集中在积累部分。表 3-2 为初中学生能力水平等级划分及与之相应的描述。

表 3-2 初中能力水平等级划分及描述

水平等级	Rasch 值范围	水平描述
水平 4	$[2.0, +\infty)$	能够创造性地解决实际生活问题；能在阅读和表达过程中完善自我人格，加深对自我与世界的思考和认识；实现个性化的阅读和有创意的表达；能独立思考与质疑探究，并批判性地评价、吸收传统及当代多元文化
水平 3	$[0.2, 2.0)$	能根据不同目的和场合，用语言文字清晰、合理地表达观点；能结合所学知识对文本信息作出准确的解释、推断，说明原因；深入理解文本的文化内涵
水平 2	$[-1.4, 0.2)$	能进行广泛的课内外阅读；能根据材料所提供的信息进行归纳总结；能根据具体情境理解文本；能对文本进行分析、概括和判断
水平 1	$(-\infty, -1.4)$	能多角度地观察生活；熟读或背诵优秀诗文；记忆重要文学和文化常识；能对文本进行基本信息提取

MEASURE	ITEM	水平
2.28	Y110B1506gxC2	4
2.12	Y110Y0502wvC3	4
2.09	Y110Y1103wxC3	4
1.99	Y110Y0501wvB2	4
1.99	Y110Y1204wxC3	4
1.46	Y110W0102swB2	4
1.42	Y110W0101swA2	4
1.42	Y110W0302mzA5	4
1.35	Y110B1403rwB1	4
1.27	Y110Y1202wxB2	3
1.18	Y110Y1203wxC3	3
1.14	Y110Y1101wxB2	3
0.76	Y110Y1102wxB2	3
0.73	Y110B1505gxC1	3
0.42	Y110B1502gxB1	3
0.12	Y110Y0403wvA5	3
0.08	Y110Y0402wvA4	3
0.06	Y110Y0902wxC3	3
0	Y110Y1201wxA5	2
-0.15	Y110Y0601svB3	2
-0.39	Y110W0301mzA3	2
-0.39	Y110B1301rwA3	2
-0.56	Y110Y0801svB2	2
-0.56	Y110B1504gxB1	2
-0.74	Y110Y090wxA4	2
-0.87	Y110Y1002wxC3	2
-0.96	Y110B1501gxA1	2
-1.02	Y110W0202mzA5	2
-1.02	Y110Y0401wvA3	2
-1.05	Y110W0201mzA3	2
-1.18	Y110B1503gxB1	2
-1.43	Y110B1302rwB1	1
-1.55	Y110Y0802svB3	1
-1.93	Y110B1402rwB3	1
-2.38	Y110Y1001wxA4	1
-2.63	Y110Y0701svB3	1
-3.07	Y110B1401rwB1	1

图 3-4 高中能力水平等级划分

图 3-4 为本次测试高中能力水平等级划分情况。本次高中测试以高二年级为例。由图可知，本次高中测试中 C 能力，即创新迁移能力的难度水平较高。表 3-3 为高中学生能力水平等级划分情况及与之相应的描述。

表 3-3　高中能力水平等级划分及描述

水平等级	Rasch 值范围	水平描述
水平 4	$[1.3, +\infty)$	能够创造性地解决实际生活问题；能在阅读和表达过程中完善自我人格，加深对自我与世界的思考和认识；实现个性化的阅读和有创意的表达；能独立思考与质疑探究，并批判性地评价、吸收传统及当代多元文化
水平 3	$[0, 1.3)$	能根据不同目的和场合，用语言文字清晰、合理地表达观点；能结合所学知识对文本信息作出准确的解释、推断，说明原因；深入理解文本的文化内涵
水平 2	$[-1.3, 0)$	能进行广泛的课内外阅读；能根据材料所提供的信息进行归纳总结；能根据具体情境理解文本；能对文本进行分析、概括和判断
水平 1	$(-\infty, -1.3)$	能多角度地观察生活；熟读或背诵优秀诗文；记忆重要文学和文化常识；能对文本进行基本信息提取

三、初高中能力值汇总

根据上节中对水平等级的划分结果，通过对相应数据的统计发现，初中平均 Rasch 值为 0.1，处于水平 2 上，高中为 0.7，处于水平 3 上，就本次测试而言，高中学生的总体表现好于初中（见表 3-4）。

表 3-4　初高中能力值汇总

	八年级	十一年级
RASCH 值（平均）	0.1	0.7
所处水平	水平 2	水平 3

第二节　语文学科"学习理解—实践应用—创新迁移"的总体表现

一、"学习理解"能力表现

本次测试中共有 16 道题涉及学习理解能力，其中初中语文试卷（以八年级为例）共有 8 道题，分别是积累部分第一、二、三题，阅读部分的第四、五、六、七、九题。高中语文试卷（以十一年级为例）共有 8 道题，分别是积累部分的第一、二、三题，阅读部分第八、九、十题，表达部分第十三、十五题。

（一）积累部分

初中的语文试卷中，积累部分第一题考查了学生"记忆所读经典名著涉及的重要文学文化常识"（A-2）这一能力表现，其得分率为 10.1％，严重低于该能力要素的平均得分率。原题如下：

1. 下面是《西游记》经典情节漫画征集活动评选出的一、二、三等奖作品，请你根据画面写出这一情节＿＿＿＿＿＿＿＿＿＿。（1分）

"记忆所读经典名著涉及的重要文学文化常识"（A-2）能力要素的表现现状是语文教学现状难以适应革新后试题的结果。目前语文的教和学，还是以传统考试为指挥棒，在积累方面偏重字音字形识记、病句修改等的训练，忽视对经典名著的诵读和对民族共同文化背景信息的了解。现今整本书阅读开始在中学语文课堂上出现，也受到了极大的重视，相信会逐渐改善学生经典阅读的这一问题。

积累部分第二、三题均考查了"熟读成诵至少 240 篇（段）优秀诗文"（A-2）和"理解作品的内容、深层含义"（A-5）这两个能力点的表现，其得分率仅为 10.4％、23.3％，严重低于该能力要素的平均得分率。

如积累部分第三题：

59

罗曼·罗兰的《名人传》是一部对后世影响巨大的人物传记，下面三段话都出自《名人传》，请你写出相应的人物姓名。（3分）

"亲爱的索菲娅，长期以来，我一直为我的生活与我的信仰的不一致而苦恼着。我无法强迫你们改变你们的生活以及你们的习惯……现在，我决心做我长期以来一直想做的事了：我要离去……"

　　　　　　　　　　　　　　　　　　　　　　　　　　　

"我的体力比以往更加地随着智力的发展而增强……不，我将忍受不了病痛了。我要扼住命运的咽喉。它将无法使我完全屈服……啊！千百次地享受人生是多么美好啊！"

　　　　　　　　　　　　　　　　　　　　　　　　　　　

"如果我的粗笨的锤子把坚硬的岩石忽而凿出一个形象，忽而凿出另一个形象的话，那是因为它从握着它、引导它、指挥它的那只手那儿接受了动作……"

　　　　　　　　　　　　　　　　　　　　　　　　　　　

Rasch 的评估结果表示，此题难度较高，涉及提取与《义务教育语文课程标准(2011 年版)》推荐的各类优秀作品相关的文化、文学知识，"提取基本要素、重要细节和关键语句，从文本中捕捉重要的显性信息或隐性信息"(A-3)这项能力表现指标属于比较基础的能力层级，但是从学生对此题目的作答水平来看，情况并不容乐观。

出现这种现象的原因是多方面的。

首先，题目难度大，设计上存在一定缺陷。第一，可能这些试题的题目呈现不够直观形象，学生不理解。第二，以往试卷的积累与运用一般会以选择题的形式出现，本次测试则全部以填空题的形式呈现，在很大程度上增大了难度。

其次，语文教学的现状难以适应革新后的试题。目前语文的教和学，还是以传统考试为指挥棒，在积累方面偏重字音字形识记、病句修改等的训练，忽视对经典名著的诵读和对民族共同文化背景信息的了解。

就这次测试而言，学生方面的问题可能有：第一，对于某些知识点，没有学会迁移运用；第二，受兴趣、时间等因素影响，没有阅读课标推荐的书目；第三，学生之前没有做过类似题目，面对新题型不知所措；第四，答题态度不够严肃端正，没有认真作答。

教学方面的问题可能有：第一，没有很好地理解《义务教育语文课程标准（2011年版）》对经典名著、优秀诗文教学的要求，只重背诵记忆，不重理解运用；第二，家庭作业的布置不够科学，没有为学生的自主阅读提供足够的时间和有针对性的指导，导致学生阅读面窄，理解能力较弱。

高中部分的语文试卷在积累部分的第一、二、三题考查了学习理解能力中"熟读成诵至少240篇（段）优秀诗文"（A-2）、"提取基本要素、重要细节和关键语句，从文本中捕捉重要的显性信息或隐性信息"（A-3）、"理解作品的内容、深层含义"（A-5），学生的得分率分别为35.2%、81.1%和35.2%，其中第二题在平均水平以上，其余两道题作为试卷的开篇题目，得分率很不理想。原题如下：

1. 下面的四组诗句分别描述了四位大家，他们依次是（　　　）(3分)

①闲中亦有闲生计，写得南华一部书

②童子解吟长恨曲，胡儿能唱琵琶篇

③骚雅清空白石道，暗香疏影翠楼吟

④千秋博大程朱理，一脉恢弘孔孟儒

A. ①庄子　　　②白居易　　　③姜夔　　　④朱熹

B. ①陶渊明　　②白居易　　　③李清照　　④顾炎武

C. ①庄子　　　②苏轼　　　　③姜夔　　　④顾炎武

D. ①陶渊明　　②苏轼　　　　③李清照　　④朱熹

3. 下列句子是小说中人物动作、外貌和语言描写的典范，请写出相应主人公的名字。(3分)

(1)脊背微俯，双手松松拢住车把，他活动，利落，准确；看不出急促而跑得很快，快而没有危险。　　　　　　　　　

(2)一双丹凤三角眼，两弯柳叶吊梢眉，身量苗条，体格风骚，粉面含春威不露，丹唇未启笑先闻。　　　　　　　　　

(3)你以为，因为我贫穷、卑微、矮小而且不漂亮，我就没有灵魂没有心吗？你想错了！我的灵魂和你一样，我的心也完全一样！如果上帝赐予我美貌和财富，我也能让你对我难分难舍，就像现在我难以离开你一样。

出现这种现象的原因可能是：第一，这道题的形式新颖，在以往的考试中没有出现过类似的题型，学生产生一种陌生的感觉。第二，学生答题时态度不端正，不答或漏答此题。第三，试卷题目分布不太合理，难题安排在了试卷的前面，容易题在后面，导致学生花费了大量时间做前面的题，轮到做这些容易题时却已经没有了作答时间。针对此种情况，命题者在安排试题时应该有一定的梯度和层级。

(二)阅读部分

初中文言文、实用类、文学类阅读都有对学习理解能力的考查。

其中文言文阅读部分为第四、五题，对"提取基本要素、重要细节和关键语句"(A-3)和"理解文本内容"(A-5)这两个能力点表现的考查，得分率分别是64％、77.4％，其得分率均高于学习理解能力要素的平均得分率，说明学生的这一能力表现良好。

在实用类文本阅读部分，第六、七题都有对"提取基本要素、重要细节和关键语句，排除干扰性信息"(A-3)、"分析概括文本的主要内容、思想情感和写作特点"(A-4)这两个能力点表现的考查，得分率分别是3％和98％，其中第六题得分率偏低，第七题则高于学习理解能力要素的平均得分率，得分率极低的第六题原题如下：

请根据以上材料，谈谈为什么《中国汉字听写大会》这个节目能办得如此成功。(4分)

该题难度较大，很少学生可以答对，提示此题可能存在问题。但是，也在一定程度上反映出学生在语文学习中存在的问题。实际上，评价和提升学生的阅读和写作能力，应该在更为真实和富有意义的情境中进行。以往的阅读试题，往往脱离文本语境和现实意义，就难免机械、枯燥与乏味。而语言实践的情境越真实、越宏大，越有利于调动学生的学习兴趣和语言活力。学生平时缺乏这方面的实践与练习，自然难以迅速而准确地把握文本的关键语句，提取符合题目要求的信息。

在文学类文本阅读部分第九题都有对"提取基本要素、重要细节和关键语句，排除干扰性信息"(A-3)能力点表现的考查，得分率为78.6％，其得分率高于学习理解能力要素的平均得分率，说明学生的这一能力表现良好。

高中阅读部分有三道题涉及学习理解能力的考查，分别是第八、九、十题。其中第八题为实用类文本阅读，第九、十题为文学类文本阅读。

第八题考查了学生"从话语、文本中捕捉重要的显性信息或隐性信息，做到信息提取真实、准确、完整"(A-3)的表现，这道题学生的得分率为87.6％，说明学生这几个能力方面表现良好，学生能够基本把握处理文本信息，同时对文本体裁的特征和表现手法有一定的了解。

第九、十题为文学类文本阅读部分的内容，考查了学生"观察文本情境，注意人物特征、事件过程或文本特点"(A-1)和"分析概括文本的主要内容、思想情感和写作特点"(A-4)这几个能力点的表现，这两道题学生的得分率为95.3％和97.3％，说明学生这几个能力方面表现良好，学生能够基本把握处理文本信息，同时对文本体裁的特征和表现手法有一定的了解。原题如下：

9. 文章的语言有什么特点？请选择一点简要分析。（5分）

10. 文章前三段表现了老舍先生怎样的生活情趣？作者写这些的意图是什么？（6分）

与此同时，我们要意识到，虽然这几道题的得分率很高，但满分的同学并不多，其原因是这几个知识点所考查的内容比较简单和基础，此题重点考查的是学生的实践应用能力和创新迁移能力。

(三)表达部分

初中语文的试卷中，写作部分对本能力要素的考查有第十三、十五题。第十三题为任务型表达，第十五题为个性化写作，第十三、十五题都有对"观察生活情境，注意交流的不同场合特点及交流对象特征"(A-1)、"观察文本情境，注意人物特征、事件过程或文本特点"(A-1)和"提取基本要素、重要细节和关键语句，排除干扰性信息"(A-3)的能力，其得分率分别为89.5％和44.6％，第十三题得分率为89.5%，明显高于第十五题，第十五题为个性化写作，对学生的开放性思维要求较高，需要学生在日常生活中多角度观察生活，有意识积累素材。原题如下：

13. 你的好朋友小林正在进行"宋词鉴赏"的研究性学习，你8月30日在网上看到了这份讲座一览表，请你写一封电子邮件，把有助于小林本阶段学习的讲座信息转告给他。（7分）

15. 请以"_____在其中"为题，写一篇不少于600字的文章。

高中语文的试卷中，写作部分对本能力要素的考查有第十三、十五题。第十三、十五题都有对"从文本中捕捉重要的信息"（A-3）、"概括性地表达"（A-4）和"观察生活情境"（A-1）的能力，其得分率分别为83.2%和64.1%，第十三题得分率为83.2%，明显高于第十五题，第十五题为个性化写作，对学生的开放性思维要求较高，需要学生在日常生活中多角度观察生活，有意识积累素材。原题如下：

13. 从上述材料中可以发现："中国式过马路"这种现象产生的原因有_____，_____，_____，_____。（每空限6个字）（8分）

15. 阅读下面的材料，按要求作文。

有媒体报道，在过去的20年里，北京大学保安队先后有近500余名保安考学深造，有的考取大专或本科学历，有的甚至考上重点大学研究生，有的毕业后当上了大学老师……

这一现象引发你怎样的联想和思考？请自选角度，自拟题目，写一篇结构完整的文章，议论、叙事、抒情皆可，文长不限。

对于"从文本中捕捉信息"和"概括性表达"这两个能力要素学生掌握得较好，原因可能是学生平日的训练较多，而且这方面的能力相对基础简单，而"多角度观察生活，有意识积累创作素材"这一能力要素的得分率相对较低，值得我们思考，我们需要反思当前作文教学的发展方向，重点提高对思维锻炼的注重，培养学生的创造性思维和创造性能力的发展，对于格式和技巧可以适当弱化，逐渐转变作文教学的方式方法。

二、"实践应用"能力表现

C区本次测试中,共有十三道题涉及实践应用能力要素的考查,分别是初中阅读部分第六、十、十二、十四题和表达部分写作题。高中积累部分第一题,阅读部分第五、八、十一、十二题,表达部分第十三、十四题和写作题。

(一)积累部分

高中语文试卷在第一部分第一题就考查了实践应用能力中"借助词句积累和文学文化常识解释现象背后的文化内涵"(B-2)这一能力表现,学生的得分率只有34.4%,是本试卷中所有实践应用能力得分率(63.4%)的一半左右。作为积累部分的题目,相对试题的难度不是很大,说明问题主要在日常教学和学生的学习掌握上。

(二)阅读部分

初中阅读部分第六题考查了学生"分析文本或生活中的观点与材料的逻辑联系,合理推断事件现象因果关系等"(B-2)这一能力表现,此题的得分率非常低,只有16.7%,严重低于该能力要素的平均得分率(63.6%)。原题如下:

6. 请根据以上材料,谈谈为什么《中国汉字听写大会》这个节目能办得如此成功。(4分)

根据 Rasch 模型的评估结果,此题的难度最大,且学生成绩的标准差为0.37,说明除了学生的这一能力亟须加强外,这道题的难度过大,也是使得多数学生没有得分的重要原因。

阅读部分第十、十一、十二题均考查了"分析文本或生活中的观点与材料的逻辑联系,合理推断事件现象因果关系等"(B-2)这一能力表现。这三道题的得分率分别是62.6%、71.5%和58.1%,总体上学生的这一能力表现基本合格。

高中阅读部分有四道题涉及实践应用能力的考查,分别是第五、八、十一、十二题。

第二部分第五题是文言文阅读题,考查了学生"借助词句积累和文学文化常识解释现象背后的文化内涵"(B-2)这一能力表现。此题学生的得分率为24.7%，很不理想，与同样是考查 B-2 能力表现的积累部分的得分率差不多，都很低，毫无疑问，说明学生这一能力表现存在问题，值得关注。

除了第五题，阅读部分第十一、十二题也有"根据文本信息，联系现实生活，解决生活中的具体问题"(B-3)这一能力表现的考查，得分率分别是40.9%和64.8%。

阅读部分第八题考查的是"根据文本信息，联系现实生活，解决生活中的具体问题"(B-3)的能力表现，看似比较基础的内容，但得分率却让人大跌眼镜，只有24.7%，原题如下：

8. 陈女士属于进取型客户，目前持有300万元闲置资金可供支配，一个月后有购车计划，预计购车款50万元，三个月后有购房计划，首付购房款80万。请你为陈女士设计一款组合理财产品认购计划，并说明这样设计的理由。（8分）

看过原题之后不难发现，这是一道实用性比较强的试题，相比较一些文学性的题，这类试题是在语文考试中应大力提倡的出题方式，考查学生的实际应用能力，向学生渗透"语文联系生活"的理念，改变学生学习语文的动机和方式。

阅读部分第十二题还考查了学生"分析文本或生活中的观点与材料的逻辑联系，合理推断事件现象因果关系等"(B-2)的能力表现。此部分的得分率为38.1%。原题如下：

12. 文章结尾，作者写到"听说他有时还提到我"与《项脊轩志》中的"庭有枇杷树，吾妻死之年所手植也，今已亭亭如盖矣"有异曲同工之效，请简要分析其表达效果。（8分）

结合能力描述及样卷分析，可以看出学生对问题的思考主要停留在较浅的层次，对文本内涵的处理能力也有待提高。

(三)表达部分

初中表达部分第十三、十四和个性化写作题都有对"针对讨论的焦点发表自己的意见，做到清楚、连贯、不偏离话题，注意表情和语气"(B-1)这一能力表现的考查，得分率分别是 50％、80.4％和 88.5％，除了第十三题得分率偏低，其他两题均高于实践应用能力要素的平均得分率，说明学生的这一能力表现良好。第十三题原题如下：

13. 你的好朋友小林正在进行"宋词鉴赏"的研究性学习，你 8 月 30 日在网上看到了这份讲座一览表，请你写一封电子邮件，把有助于小林本阶段学习的讲座信息转告给他。（7 分）

该题在 B-1 能力表现的评分标准如下：

称谓、落款等格式正确，2 分

之所以此题的 B-1 能力比另外两题低，学生对电子邮件格式的掌握问题是主要原因，多加训练，得分率会有很大提升。

表达部分第十四题还有对"考虑不同的目的和对象，选择恰当的内容和表达方式，语言正确、规范"（B-1）这一能力表现的考查，得分率为 81.9％，基本合格。

表达部分除了有对 B-1 能力表现的考查，还有对"考虑不同的目的和对象，选择恰当的内容和表达方式，语言正确、规范"（B-1）和"格式正确，标点或称谓等使用正确"（B-1）两项能力表现的考查，得分率分别为 84.4％和 87.8％，说明学生的这两项能力表现良好，明显高于本能力要素的平均得分率。

高中表达部分对本能力要素的考查有第十三、十四题和个性化写作题。

第十三、十四题都有对"考虑不同的目的和对象，选择恰当的内容和表达方式，语言正确、规范"（B-1）能力表现的考查，其中第十三题准确给 6 分，简明给 2 分，得分率分别是 91.1％和 86.6％，第十四题得分率为 96.8％。得分率都很高，说明学生任务型表达在 B-1 能力上的表现很好。

第十四题还有对"考虑不同的目的和对象，选择恰当的内容和表达方式，语言正确、规范"（B-1）和"格式正确，标点或称谓等使用正确"（B-1）能力表现的考查。得分率分别为 91.2％和 31.4％，很明显，两者的得分率相差较多。后者的考查是很基础的考查，但得分率却如此之低，很值得我们思考。在信息化高速发展的今天，电脑打字占据了大量写字的时间，很多孩子甚至成人都比较倾向于打字，这对一个人的发展起着一定的阻碍作用，值得我们反思。

第三部分写作题主要考查了学生在实践应用能力要素中的两个能力表现，分别是"针对讨论的焦点发表自己的意见，做到清楚、连贯、不偏离话题，注意表情和语气"(B-1)和"格式正确，标点或称谓等使用正确"(B-1)，得分率分别是87.4%和74.9%，基本合格。有一个问题值得注意，同样是 B-1 能力表现，个性化写作中的得分率远远超过之前任务型表达的得分率，这说明学生相对对个性化写作比较熟悉，书写起来比较规范，加之平日训练也较多，所以得分率较高；任务型表达作为较新的题型，学生可能不太适应且不熟练，这也是得分率低的原因之一。

三、"创新迁移"能力表现

C 区本次测试中，初中语文试卷中共有 6 道题涉及创新迁移能力要素的考查，分别是积累部分第二题，阅读部分第八、十、十一、十二题，以及表达部分写作题。高中语文试卷中共有 9 道题涉及创新迁移能力要素的考查，分别是阅读部分第五、六、七、八、九、十、十一、十二题，表达部分的写作题，学生在本能力要素的平均得分率为 51.7%。

(一)积累部分

本次测试创新迁移能力要素在积累部分的考查只有初中试卷第二题。该题有对学生"对所积累的内容有自己的感受、领悟和评价"(C-2)这一能力表现进行考查。看似很基础的题，学生的得分率却只有 14.8%，比较反常。原题如下：

2. 古人仰而观天，俯而察地，体悟天地万物的生生不息。鸟兽虫鱼，往往寄托了他们别样的情怀。"燕"往往用来表现春光的美好，如" ___①___ ，___②___ "；" ___③___ "常常用来 ___④___ ，如" ___⑤___ ，___⑥___ "。(6分)

这是积累部分的优秀诗文题，不同于以往的考查方式，本次测试不仅有对诗文默写能力的考查，还有对"结合具体语境正确运用诗文中的名句"的考查，但后者学生的表现明显和理想中的相差甚远。此能力表现学生的得分率远远低于本能力要素的平均得分率56.8%。

针对这一问题，在教研员 HY 老师的大力支持下，C 区积极参与了后期的教学改进项目，在北师大专家团队几次的下校指导下，RDFC 学校的 L 老师针对学生在测试中反映出的积累部分创新迁移能力较弱这一问题，设计了《论语》的专题阅读课，以"孔子为什么最欣赏颜回"这一问题为切入点，引导学生优秀诗文及经典名著的积累不仅仅是背诵，更重要的是理解及迁移。

在老师的正确引导下，学生由最开始的"怕"《论语》到最后每一名同学都能够对这部经典作品从不同的角度发表自己的看法，实现了由记忆到理解再到迁移的过程。下面是一位同学的作品：

颜回比起其他弟子多了一份恒心。坚持，坚守，因为这样过人的恒心让孔子格外欣赏他。

首先从仁上看"回也，其心三月不违仁，其余则日月至，焉而已矣"。这句话意思是说："颜回，他的心长久地不离开仁德，别的学生只是短时期偶然想起一下罢了。"孔子崇尚仁，对于他的学生，引导他们以"仁"为本是孔子最重视的。其他学生也知道仁的重大意义，但是仁需要用一生修行，是需要通过内心的长久遵从，和行为上长期实践，发展为一种心性。这样的过程是漫长的，因为时间长久，难免会有遗失。孔子众弟子正是在这过程中时而有所失，才会使得颜回对仁的坚持显得尤为突出。

对于学术研究，颜回坚持研究孔子的学问。他认为孔子的学问是"仰之弥高，钻之弥坚；瞻之在前，忽焉在后。"这句话意思是"老师之道，越抬头看，越觉得高；越用力钻研，越觉得深。看看，似乎在前面，忽然又到后面去了。"因为钻研得多，钻研得深才会越接近孔子的思想，越感到深不可测。这是需要对孔子学问一个长时间的积累作为积淀的。颜回不仅仅在与孔子的交流中学习，更多的在于他持之以恒的探索。再看"吾与回言终日，不违如愚。退而省其私，亦足以发。回也，不愚"这句话，也是他坚持研究的证明。

除了在"仁"与"学"上颜回坚持践行与探索，他坚守自己的本心志趣也与孔子思想契合。（材料：在孔子和他的弟子们被困几天没有食物的情况下，孔子分别问了几个弟子同样的问题"难道我们的学说有什么不对吗？我们为什么会落到这种地步呢？")子路质疑自己，子贡却要降低自己的志向。只有颜回不改本心。颜回说："老师的学说博大到极点了，所以天下没有一个国家能容纳老师。虽然是这样，老师还是要推行自己的学说，不被天下接受又有什么关系呢？不被接受，这样才能显出君子本色！一个人不研究自己的学说，那才是自己的耻辱。至于已下大力研修的学说不被人所用，那是当权者的耻辱了。不被天下接受又有什么关系呢？不被接受，这样才能显出君子的本色！"在生命受到威胁的时候他仍坚持认为他们的思想是值得坚守的。君子就是要在外界都不认可的情况下依旧遵从自己的志向修身治学。他的坚定再一次超越了其他的弟子。生死不足以撼动他的恒心。这句"用之则行，舍之则藏，唯我与尔有是夫"的意思是"用我的时候我就实行我的思想，不用我的时候我就把自己的思想珍藏起来。"孔子对颜回的这个评价也是表现出了颜回对自己思想志趣的不离不弃。

颜回从不被物质牵动，"一箪食，一瓢饮，在陋巷。人不堪其忧，回也不改其乐。"他安贫乐道，他义无反顾坚持自己的追求，再贫苦的生活条件也不会影响他坚守的乐趣。

所以不论是颜回在"仁""学"还是"志"上的突出成就，都离不开他的恒心，他坚持"仁"与"学"，坚守志向本心。而最难莫过于坚持，颜回正是凭借着出众的恒心塑造了自己，成为了最受孔子赏识的学生。

我们会发现，学生对《论语》中颜回的部分已经非常熟悉而且能够融会贯通，在教师的引导下，学生的潜在能力被挖掘，积累部分的创新迁移并不是遥不可及的事情。

除此之外，有一点需要明确，无论是积累、阅读还是表达主题中的"创新迁移"能力，教师都要及时正确引导学生，避免"过犹不及"，脱离文本。L老师将《论语》按主题进行了分类，学生进行了相应的分组，每组学生负责一部分，深入研读文本，在教学过程中以小组讨论汇报的形式为主，在讨论汇报的过程中，学生也出现了脱离文本的现象，教师在这时进行了及时的指导，下面是一名同学在教师初步引导下的第一次汇报：

幻灯片 1

为政篇

论孔子喜爱颜回的原因

幻灯片 2

从"为政"来看待孔子喜爱颜回的原因

先是来分析颜渊。颜渊在为政上，并未表现出多么大的积极性。他安贫乐道，只是一心研究学问，去提升自身修养，却很少谈论政治的话题。我想，这就与孔子的主张有些出入了。孔子对政治还是极为关注和忧心的，他哪怕是受到无数次的拒绝，也绝不会去做隐士，因为孔子的内心是寄托于大众之上的，哪怕大众也不会理解他的主张。足以看出，孔子对"为政"还是有很深入的思考的。那么，孔子为何会如此欣赏颜回呢？

首先，孔子对"为政"并不认为只有参政才叫"为政"。像"子曰：'书云：孝乎惟孝，友于兄弟，施于有政。'是亦为政，奚其为为政？"可见，孔子认为哪怕我不参政，只有我自己的品行好了，影响了身边的人甚至是部分群体，形成一定的氛围，也不失是一种为政。而颜渊一直注重品行，虽不说一定影响到别人，但他的这种精神正是孔子所提倡的。哪怕他不"为政"，他的做事风格与方式都符合了"仁"，时间久了，必会带来影响，也是"为政"的方式。

幻灯片 3

其次，孔子或许并不认为颜渊对政事毫不关心。相反，他恰恰也是通过做好自己，以实现自己一直追求的境界来实现自己心目中对政治的理想。而他的这种理想又与孔子的政治主张是不谋而合的。孔子因而认定他是真正领悟了"仁"，从而将"仁"实施于行动当中。既然，行为都已贯彻了"仁"，那么，以"仁"来为政又何难呢？

所以，孔子欣赏颜回。他发现有这样的一个人，能将自己心中的理想付诸实施，虽说不能在实际中为政，但无疑在思想境界中做到了另一种"为政"！孔子于是感到欣慰，更多的是对在这条艰难道路上，能有人与之同行的欣喜与同世道不相融合的相同的孤独感。这不仅仅是知己，更是思想觉悟上的知音！

幻灯片 4

孔子眼中合格的为政者

在论语中，有这样的几句话来描述孔子心中合格的为政者的，如："道千乘之国，敬事而信，节用而爱人，使民以时。""为政以德，譬如北辰，居其所而众星拱之。"还有"先之劳之""无倦""其身正，不令而行。"

我们能大概从其中找出这样几个关键词：1. 有德行；2. 广博大爱；3. 以身作则；4. 持之以恒。有这样几个特点的为政者，孔子认为是可以治理好国家的。而颜回却刚好拥有这些品质，并且他也确实曾经是一个非常好的为政者，因此孔子才会对他青睐有加。

幻灯片 5

季康子问政于孔子曰："如杀无道，以就有道，何如？"孔子对曰："子为政，焉用杀？子欲善而民善矣。君子之德风，小人之德草。草上之风，必偃。"

颜渊问为邦，子曰："行夏之时，乘殷之辂，服周之冕，乐则韶舞。放郑声，远佞人。郑声淫，佞人殆。"

孔子详述为政要端贵能斟酌历史演进，损益前代，折衷一是。其主要在礼乐上求能文质兼尽。不啻使政事即如一番道义教育，陶冶人生，务使止于至善，而于经济物质方面亦所不忽。惟均不涉及抽象话，只是在具体实例上逐一扼要举例。至致其间种种所以然之故，今既时异世易，无可详论。惟行夏时一项，则为后世遵用不辍。今即就孔子之所告，足证颜渊有此器量才识，故孔子特详告之，又以用之则行许之也。

——钱穆《孔子传》

深入指导后的汇报 PPT：

幻灯片 1

从为政的角度看孔子喜爱颜回的原因

高一七班　为政组

幻灯片 2

颜渊问为邦，子曰："行夏之时，乘殷之辂，服周之冕，乐则韶舞。放郑声，远佞人。郑声淫，佞人殆。"

子夏为莒父宰，问政。子曰："无欲速，无见小利。欲速，则不达；见小利，则大事不成。"

幻灯片3

颜渊问为邦，子曰："行夏之时，乘殷之辂，服周之冕，乐则韶舞。放郑声，远佞人。郑声淫，佞人殆。"

孔子详述为政要端贵能斟酌历史演进，损益前代，折衷一是。其主要在礼乐上求能文质兼尽……今即就孔子之所告，足证颜渊有此器量才识，故孔子特详告之，又以用之则行许之也。

——钱穆《孔子传》

幻灯片4

而且颜回……？

"不愿仕。回有郭外之田五十亩，足以给饘粥；郭内之田十亩，足以为丝麻；鼓琴足以自娱；所学夫子之道足以自乐也。回不愿仕。"

幻灯片5

在孔子心中应该这样为政……

"道千乘之国，敬事而信，节用而爱人，使民以时。"

"为政以德，譬如北辰，居其所而众星拱之。"

"子曰：无为而治者，其舜也与！夫何为哉？恭己正南面而已矣。"

幻灯片6

孔子对于"为政"并不认为只有参政才叫"为政"。

"子曰：书云：'孝乎惟孝，友于兄弟，施于有政。'是亦为政，奚其为为政？"

品行优良，影响别人。

幻灯片7

而颜回做了这样的事情……

"舜何人也，予何人也。"

"昔舜巧于使民，而造父巧于使马；舜不穷其民，造父不穷其马；是舜无失民，而造父无失马也。"

"愿无伐善，无施劳。"

"一箪食，一瓢饮，在陋巷……"

幻灯片 8

因此……

颜回通过做好自己，来实现自己的政治理想。

颜回领悟"仁"，并实施"仁"。

虽无法付诸实际，但实现思想境界的为政。

知己与思想觉悟的知音。

教师指导后的汇报，更关注文本，逻辑性更强，而且明显地体现出了学生基于自己理解的"创新迁移"。

由此可见，学生在积累主题中"创新迁移"能力的表现教师是可以干预的，在教师的积极正确的引导下，学生能够有显著的提高。

(二)阅读部分

初中试卷中阅读部分第八题对"根据文本信息，联系现实生活，解决具体问题"(C-1)能力表现进行了考查。学生的得分率达到了 96.3%，说明学生的该项能力表现基本优秀。

高中试卷中阅读部分第五题是文言文阅读题，考查了创新迁移能力要素中的"用历史眼光和现代观念品味作品内容、思想和艺术表现力，有自己的看法"(C-3)，学生得分率较低，只有 22.7%。原题如下：

5. 你怎么理解孔子说赵盾"为法受恶"？谈谈你对孔子观点的看法。(7 分)

此题得分率如此之低，说明学生用现代眼光看历史的能力有待提高，教师在日常的教学中应着重培养。

第六、七、八题为实用类阅读题，此三题均考查了学生"根据文本信息，联系现实生活，解决具体问题"(C-1)的能力表现。得分率分别是 67.6%、95.1%和 87.9%，均高于学生本能力要素的平均得分率。

第九、十一、十二题为文学类阅读题，都有对"发展思辨和批判能力，善于发现问题，从不同的角度和层面对文本进行评价与质疑"(C-3)能力表现的考查，但得分率却大有不同。第九题的得分率为63.6％，但第十一、十二题分别为23.1％和24.5％，与第九题相差甚远。拿第九和第十一题做比较，原题如下：

9. 文章的语言有什么特点？请选择一点简要分析。(5分)

11. 经历了"文革"的作者一定知道《当皮箱》和"燕乐"的下文如何，但是为什么在第七段中说自己不知道？请简要分析原因。(5分)

结合这两题的评分标准，第九题为：评价中肯，分析合理，角度多元，能自圆其说，3分；第十一题为：有自己的思考和判断，1分。结合原题和评分标准，不难发现，虽然考查的能力表现一样，但是两题对学生的要求稍有不同，前者要求能够自圆其说即可，后者则要求有自己的思考。除此之外，后者的题目要比前者稍复杂，很多学生在阅读审题上可能存在一定的心理压力或能力限制，这些都是导致这一结果的重要原因。

第十题和第十二题还有对学生"借助体裁特征、背景材料等，赏析文本的思想内容、结构安排，品味富有表现力的语言"(C-3)能力表现的考查。得分率分别是79.8％和40.1％，同样的能力表现得分率又相差较大。第十题原题如下(第十二题原题见实践应用能力要素中的阅读部分)：

10. 文章前三段表现了老舍先生怎样的生活情趣？作者写这些的意图是什么？(6分)

结合Rasch的评估结果，第十二题的难度估计值较高，题目难度大，设计上存在一定缺陷，这也是导致第十二题学生得分率较低的重要原因。在今后的测试中会对本题加以改进。

(三)表达部分

初中表达部分也有对"视角独特，联想丰富，调动自己积累的表述方式和语言材料，准确、生动地表情达意"(C-1)能力表现的考查。表达部分的C-1的得分率为80.7％，高于积累部分，低于阅读部分学生在此能力表现中的得分率。

表达部分的写作题中对"尝试运用副标题、小标题、题记等多种形式"(C-2)能力表现的考查，学生的得分率仅为 0.74%，创本次测试的最低得分率。根据怀特图将试题以不同难度(除部分外)分为三个梯度：难、中、易。难度范围分别为 1~5、-2~1、-5~-2。该题的难度为 4.64，难度较大。虽然试题难度较大，但是并不是此次测试中最难的题目，得分率却如此之低，应当引起教师和学生的关注。

表达部分还有对"充分发挥想象，丰富表达内容，创新表达形式，力求自由表达和有创意地表达"(C-2)能力表现的考查，学生的得分率为 78.1%，基本合格。

高中表达部分只有个性化写作对创新迁移能力要素进行了考查。首先是对"调动自己的语言积累，表达真情实感，力求准确、鲜明、生动"(C-1)这一能力表现的考查，学生的得分率达到 80.5%，表现良好。

除此之外还有"灵活运用副标题、小标题、题记等多种形式"(C-2)和"运用形象思维、逻辑思维和创造性思维，力求有个性、有创意地表达"(C-2)的考查，结果却差强人意，得分率分别是 32.8% 和 1.62%，尤其是后者，根据 Rasch 的评估结果，此题的难度为最大，达到 2.84，是本试卷中难度最高的试题，但也不可否认学生在此能力表现中的欠缺以及日常教学时的疏忽，这个问题需要引起教师和学生的关注，尤其是关于当前写作教学的反思。

第四章

基于内容主题的语文
学科能力表现评价结果

第一节　积累主题能力表现研究

一、积累主题能力理论框架

"不积跬步，无以至千里；不积小流，无以成江海"①，积累在语文学习中具有集腋成裘、聚沙成塔的奠基价值。"积累"在词源学上的含义是为了将来发展的需要，逐渐聚集起有用的东西，使之慢慢增长、完善。积累指向对学生未来发展最富有价值、最富有生成能力的语言精华和精品，而不是那些即刻就可以完全用尽甚至透支的东西。② 而优秀诗文、经典名著是"伟大心灵活动的结果，创造性的产物，智慧的结晶，像古迹文物一样代表着、诉说着一定时期的文化。人们在认识这些作品的时候，不仅是在感受一定时期的文化，而且可以从中不断获得智慧和灵感。对于这些原创性的作品，学生可以穿越时空，叩问这些伟大的心灵和智慧，获得创造的力量。读者从中获得的不仅是丰富多彩的语言材料、文章样式、思想情感等，还会感悟到这些作品的创造过程与方法。"③因此，优秀诗文和经典名著可以激发学生热爱祖国语言文字，体认祖国优秀文化，是对学生未来发展具有价值的语言精品，应该成为语文学习中积累的对象。

鉴于优秀诗文和经典名著的重要地位与独特价值，21 世纪基础教育语文课程改革十分注重优秀诗文与经典名著的积累。《义务教育语文课程标准(2011 年版)》(以下简称《课标》)在总目标中即明确要求学生要有较为丰富的积累和良好的语感，注重情感体验，发展感受和理解的能力。同时标明学生在义务教育阶段需

---

① 褚世昌译注.《荀子》译注[M]. 哈尔滨：黑龙江人民出版社，2013：6.

② 郑国民，李倩. 加强优秀诗文积累：语文课程价值取向的变革[J]. 教育研究，2015(11)：99.

③ 郑国民. 阅读经典，诵读诗文——一个需要充分重视的教育和社会话题[N]. 人民日报，2003-7-20.

要积累的优秀诗文数目（240 篇/段）并附有推荐背诵的篇目。其中，小学阶段（1～6 年级）要求背诵优秀诗文 160 篇（段），初中阶段（7～9 年级）要求背诵优秀诗文 80 篇（段）。小学九年课外阅读总量应在 400 万字以上，其中第一学段不少于 5 万字，第二学段不少于 40 万字，第三学段不少于 100 万字，第四学段不少于 260 万字，每学年阅读两三部名著。《课标》在阅读教学建议部分也指出，要重视培养学生广泛的阅读兴趣，扩大阅读面，增加阅读量，提高阅读品味。提倡少做题，多读书，好读书，读好书，读整本的书。《课标》在评价建议中提出评价学生阅读古代诗词和浅易文言文，要重点考查学生的记诵积累，考查他们能否凭借注释和工具书理解诗文大意，着重强调学生记忆和理解优秀诗文的能力。关于经典名著，《课标》也提出要重视学生课外阅读的评价。[①]

　　基于以上认识，建构了积累主题的测评框架，见表 4-1。

表 4-1　积累主题的测评框架

一级内容主题	二级内容主题	能力要素		
积累	优秀诗文 经典名著	**学习理解** 记忆	信息提取	领会理解

二、积累主题能力表现整体评价

　　以 H 区的积累主题能力表现为例。H 区测试的时间为 2014 年 3 月，各年级的学生已完成第一学期的全部课程，未开始学习第二学期课程。所测试的有效样本共 2474 个，测试学校类型及各学校测试人数见表 4-2。

表 4-2　有效测试样本信息

学校类型	区域	学校	七年级	八年级	九年级	十年级	十一年级	总计	
一类校	H	YL	107	104		53	49	415	693
		SS	60	36	32	40	35	278	

---

　　① 中华人民共和国教育部．义务教育语文课程标准（2011 年版）[S]．北京：北京师范大学出版社，2012：7，8，11，13，16，30.

学校类型	区域	学校	七年级	八年级	九年级	十年级	十一年级	总计	
二类校	H	BY	119	77	62	46	35	420	851
		JD	124	88	63	38	40	431	
		ZG	110	104	69	32	31	346	
三类校	H	JX	72	63		18	12	195	383
		SF	48	42	22	18	20	188	
四类校	H	YY	27	20	16	15	13	119	547
		KD	43	30	18	23	17	171	
		CW	21	17	11	15	17	113	
		YD	34	19	21	20	15	144	
总计			765	600	314	318	284	2474	

在分析的过程中主要运用学生在各个能力点上的得分率进行运算，H 区初中学生积累部分平均得分率见表 4-3。

表 4-3　H 区初中学生积累主题平均得分率

优秀诗文	0101A2	0102A5	0201A2	0202A5
平均得分率	38.4%	60.7%	46.2%	52.1%
经典名著	0301A3	0401A2	0402A3	0403A5
平均得分率	36.1%	55.7%	37.4%	8.6%

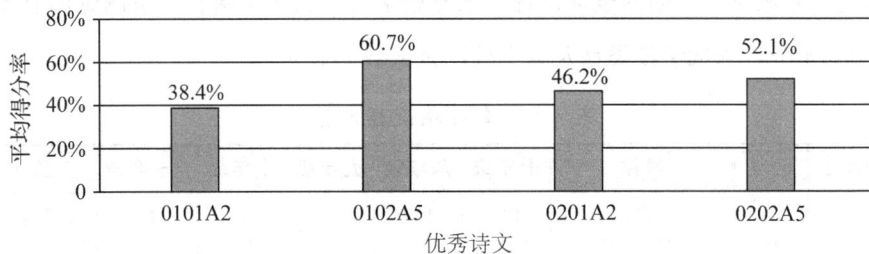

图 4-1　H 区初中学生优秀诗文各题的平均得分率

图 4-1 为优秀诗文部分各个题学生的得分情况，可见 H 区初中学生在 A-5 能力点——领会理解能力中的得分率比较高，都达到了 50.0% 以上。在记忆（A-2）

能力点上的得分相对较低。

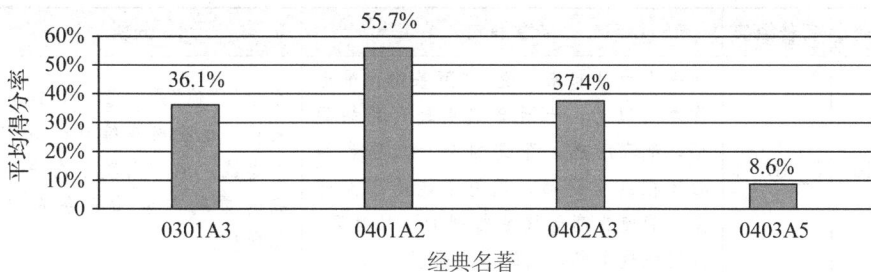

图 4-2　H 区初中学生经典名著各题的平均得分率

图 4-2 表示经典名著部分学生得分情况，可见，H 区初中学生在本次测试中经典名著部分 A-2 得分率最高，达到了 55.7％，A-3 其次，A-5 最低，只有 8.6％。

综上，本次测试中，H 区初中学生在优秀诗文主题中领会理解的能力表现好于记忆，而在经典名著中的表现和优秀诗文恰好相反，学生在本次测试经典名著中的表现是记忆能力好于领会理解能力，这与优秀诗文和经典名著的传统学习方式正好相反，大众印象中的优秀诗文主要需要记忆，但是学生的记忆能力的得分却低于理解能力，而名著主要需要理解，但学生的记忆能力得分却高于理解能力。

本次测试对优秀诗文的考查一改传统只考查学生背诵记忆的能力，同时还有领会理解的能力，更能够考查出学生文化积累水平，但是，出乎意料的是学生在记忆的能力上表现相对较差，领会理解的能力表现得比较好。

1. 古代诗歌中有描写梅、兰、竹、菊外形的诗句，如："　①　，　②　"；也有借梅、兰、竹、菊表达诗人高洁品质的诗句，如："　③　，　④　"。（4 分）

显然古诗文中的记忆能力依然是困扰许多学生的主要问题，如何提高记忆的能力，首先需要学生广泛地阅读，深厚的文化底蕴离不开广泛的阅读。

学生在经典名著上的 A-5 能力点，即"理解作品内容及深层含义"上的表现亟须提高，远远低于其他能力点。

4. 根据你的阅读积累，补全下列名著阅读笔记。（5分）

日期	名著经典	寻章摘句	分析
9.10	《 ① 》	他吃力地站起来，说："阿基姆，难道你真的以为，生活会把我赶到死胡同里，把我压成一张薄饼吗？只要我的心还在这里跳动，就绝不能使我离开党。能使我离开战斗行列的，只有死。你记住这个吧，我的老大哥。"	文中的"他"是 ② ，这句话表现了他在疾病缠身时对信仰的忠诚。他在困境中向命运挑战的勇气与毅力，令人肃然起敬！
10.15	《水浒传》	他寻思道："只有祖上留下这口宝刀，从来跟着洒家，如今事急无措，只得拿去街上货卖得千百贯钱钞，好做盘缠，投往他处安身。"	这段文字出自的故事情节是 ③ 。"他"一心追求"封妻荫子"，不料却到了穷途末路。落魄的好汉真是"虎落平阳"！
12.25	《繁星》《春水》	墙角的花！你孤芳自赏时，天地便小了。	④

这是本次测试经典名著的一道题，其中的 A-5 能力是通过第④空的正确填写表现出来的。这是对一句诗文的分析理解。学生在这一能力点上的平均得分率只有 8.6%，对于诗句的理解一直是困扰中学生的一个难题。诗歌的语言因为其特有的内隐性，对许多中学生来说确实有难度，但是，诗歌也是文学史中重要的组成部分，不能因为难就放弃这块富饶的土壤，教师在日常教学中可以充分运用自身所掌握的文学理论知识，帮助学生找到理解诗歌的方法，难题也会迎刃而解。

H 区高中学生在积累主题各个能力点上的平均得分率见表 4-4。

表 4-4　H 区高中学生积累主题平均得分率

优秀诗文	0101A2	0102A5	0201A2	0202B2
平均得分率	38.4%	60.0%	40.0%	45.9%
经典名著	0301A3	0401A2	0402A3	0403A5
平均得分率	50.4%	43.7%	35.1%	26.5%

总体趋势见图 4-3、图 4-4。

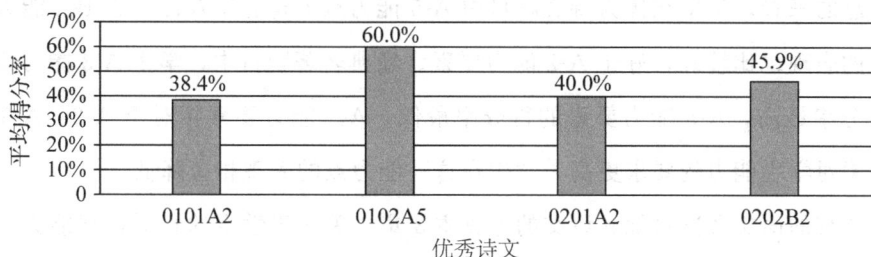

图 4-3　H 区高中学生优秀诗文各题平均得分率

图 4-3 为 H 区高中学生在优秀诗文试题上的得分率，可以发现，学生在"理解作品的内容、深层含义"能力点上的得分率达到了 60.0%，明显高于其他能力点。

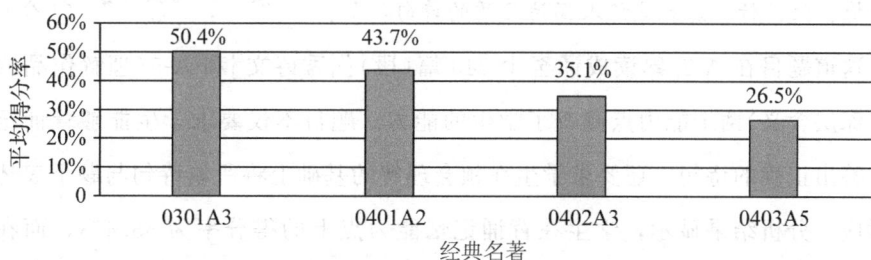

图 4-4　H 区高中学生经典名著各题平均得分率

图 4-4 呈现了学生在经典名著部分的试题得分率。其中，学生在"提取基本要素、重要细节和关键语句，从文本中捕捉重要的信息"这一能力点上表现较好，得分率为 50.4%。与优秀诗文部分的表现不同，经典名著部分中，学生在"理解作品的深层含义或文学文化内涵"能力点上的得分率最低，仅为 26.5%。

本次测试中积累主题下设置了优秀诗文和经典名著两部分题目，共考查了学生 5 个能力点，分别是 A-2(1)"熟读成诵至少 240 篇(段)优秀诗文"；A-2(2)"记忆所读经典名著涉及的重要文学文化常识"；A-3"提取基本要素、重要细节和关键语句，从文本中捕捉重要的信息"；A-5"理解作品的深层含义或文学文化内涵"；B-2"分析文本或生活中的观点与材料的逻辑联系，合理推断事件现象因果关系等"。

总的来看，学生在优秀诗文题目中 A-5 能力点上得分率较高，在 B-2 能力要素上的表现也比较好，好于 A-2 能力要素。经典名著题目中，学生 A-3 能力要素的得分率最高，A-5 能力要素的得分率最低。A-5 能力要素相对于 A-2、A-3 能力要素对学生能力的要求更高，学生在这一能力点的表现相应降低。

传统的语文考试对优秀诗文的考查主要集中关注于学生的背诵记忆能力，本次测试在优秀诗文部分的试题命制上不但测查了学生的背诵记忆能力，更注重考查学生的领会理解能力，从而全面把握学生的积累水平。通过对学生数据的分析发现，优秀诗文部分中，H 区高中学生在领会理解能力上的表现要好于背诵记忆能力上的表现。以下列题目为例：

1. 古代诗歌中有描写梅、兰、竹、菊外形的诗句，如："___①___，___②___"；也有借梅、兰、竹、菊表达诗人高洁品质的诗句，如："___③___，___④___"。（4 分）

这道题目在 A-2[熟读成诵至少 240 篇（段）优秀诗文]和 A-5（理解作品的内容、深层含义）两个能力点测查了学生的能力。题目不仅要求学生能够背诵记忆并作答出正确的诗句，还要求学生在领会理解的基础上将所填诗句与题干表述正确对应。分析结果显示，学生在背诵记忆能力点上的得分率为 38.4%，而在要求相对更高的领会理解能力点上得分率达到了 60.0%。由此说明，古诗文的背诵记忆仍然是学生有待强化的能力，学生应当在大量阅读的基础上，对古诗文进行理解性的记忆。

经典名著部分，学生在 A-5 能力点即"理解作品的深层含义或文学文化内涵"这一能力的表现上较差，以下列题目为例：

4. 根据你的阅读积累，补全下列名著阅读笔记。（4 分）

日期	名著经典	寻章摘句	评析
8.15	《__①__》	生存或毁灭，这是个问题：是否应默默的忍受坎坷命运之无情打击，还是应与深如大海之无涯苦难奋然为敌，并将其克服。此二抉择，究竟是哪个较崇高？死即睡眠，它不过如此！	这句话反映出他的痛苦、疑惑，对人生充满怀疑，觉得人活着没有意义，自杀更好，可又对死亡很恐惧，不知人死后会不会下地狱，所以在这段独白里，他非常犹豫。

续表

日期	名著经典	寻章摘句	评析
10.1	《三国演义》	医曰："矢镞有毒，毒入于骨，当破臂作创，刮骨去毒，然后此患乃除耳。"羽便伸臂令医劈之。时羽适请诸将饮食相对，臂血流离，盈于盘器，而羽割炙引酒，言笑自若。	这段文字讲的是　②　（故事情节）。"臂血流离，盈于盘器"八个字渲染了血淋淋的手术过程，经受着痛苦煎熬的关羽却"割炙引酒，言笑自若"，全无痛苦之色，此乃真英雄也。
12.2	《雷雨》	【第四幕】外面还隐隐滚着雷声，雨声沥沥可闻，窗前帷幕垂了下来，中间的门紧紧地掩了，由门上玻璃望出去，花园的景物都掩埋在黑暗里，除了偶尔天空闪过一片耀目的电光，蓝森森的看见树同电线杆，一瞬又是黑漆漆的。	③

在这道题目当中，A-5 能力点的考查对应③处的作答，要求学生理解作品的深层含义，评析环境描写的作用等。然而，这一能力点上学生的得分率为 26.50%，明显低于所考查的其他能力点上的表现，说明了学生对文学类文本的理解鉴赏能力亟须提高强化。

三、积累主题能力表现进阶研究

H 区七年级学生在积累主题上的表现情况见表 4-5 和图 4-5、图 4-6。

表 4-5　H 区七年级学生积累主题平均得分率

优秀诗文	0101A2	0102A5	0201A2	0202A5
平均得分率	42.1%	63.8%	39.4%	46.8%
经典名著	0301A3	0401A2	0402A3	0403A5
平均得分率	31.0%	33.6%	17.6%	12.8%

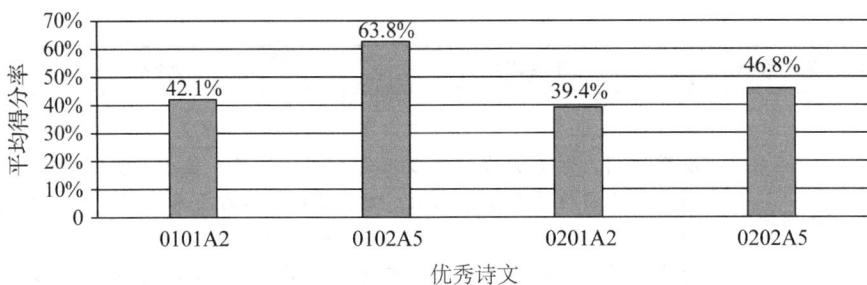

图 4-5　H 区七年级学生优秀诗文各题的平均得分率

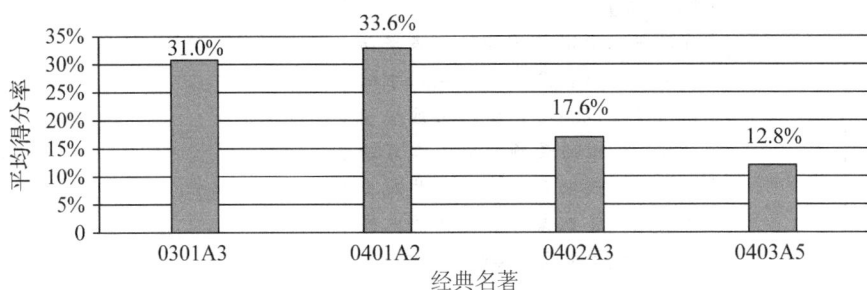

图 4-6　H 区七年级学生经典名著各题的平均得分率

H 区八年级学生在积累主题上的表现情况见表 4-6 和图 4-7、图 4-8。

表 4-6　H 区八年级学生积累主题平均得分率

优秀诗文	0101A2	0102A5	0201A2	0202A5
平均得分率	35.8%	57.7%	48.3%	52.2%
经典名著	0301A3	0401A2	0402A3	0403A5
平均得分率	41.8%	77.7%	55.7%	6.8%

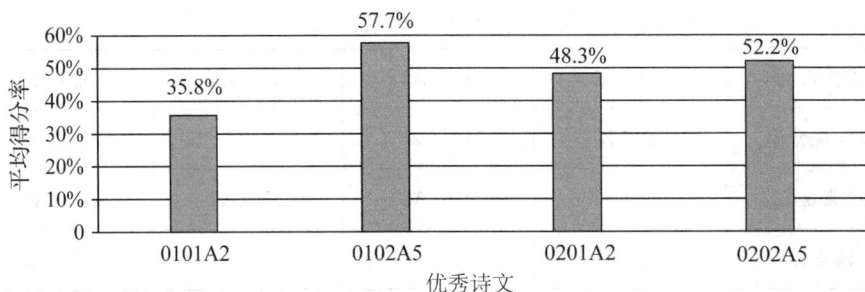

图 4-7　H 区八年级学生优秀诗文各题的平均得分率

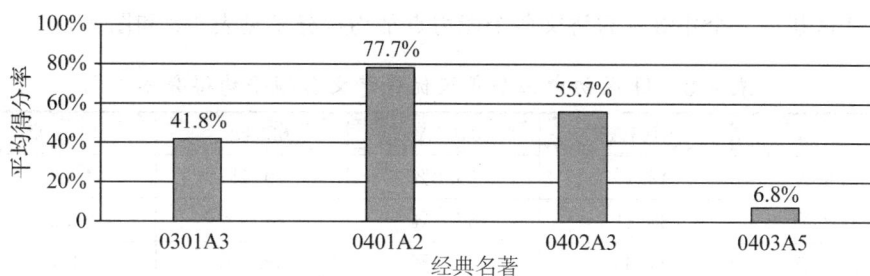

图 4-8　H 区八年级学生经典名著各题的平均得分率

H 区九年级学生在积累主题上的表现情况见表 4-7 和图 4-9、图 4-10。

表 4-7　H 区九年级学生积累主题平均得分率

优秀诗文	0101A2	0102A5	0201A2	0202A5
平均得分率	34.6%	61.3%	58.9%	66.7%
经典名著	0301A3	0401A2	0402A3	0403A5
平均得分率	37.0%	69.9%	53.2%	3.7%

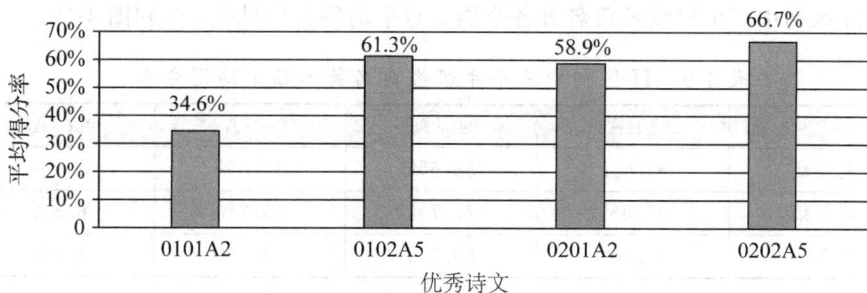

图 4-9　H 区九年级学生优秀诗文各题的平均得分率

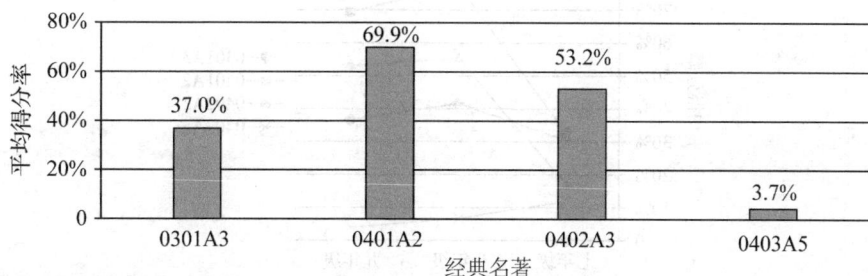

图 4-10　H 区九年级学生经典名著各题的平均得分率

H区初中三个年级优秀诗文各个能力点平均得分率见表4-8和图4-11。

表4-8　H区初中三个年级优秀诗文各题平均得分率

	0101A2	0102A5	0201A2	0202A5
七年级	42.1%	63.8%	39.4%	46.8%
八年级	35.8%	57.7%	48.3%	52.2%
九年级	34.6%	61.3%	58.9%	66.7%

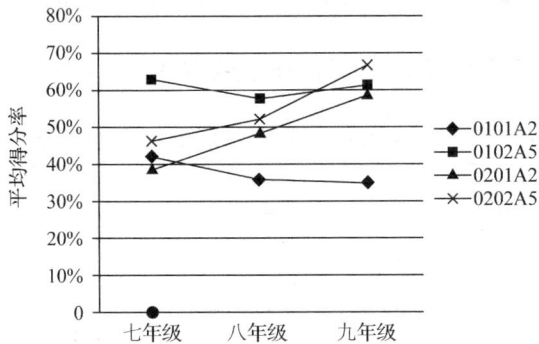

图4-11　H区三个年级优秀诗文各题平均得分率情况比较

H区初中三个年级经典名著各个能力点平均得分率见表4-9和图4-12。

表4-9　H区初中三个年级经典名著各题平均得分率

	0301A3	0401A2	0402A3	0403A5
七年级	31.0%	33.6%	17.6%	12.8%
八年级	41.8%	77.7%	55.7%	6.8%
九年级	37.0%	69.9%	53.2%	3.7%

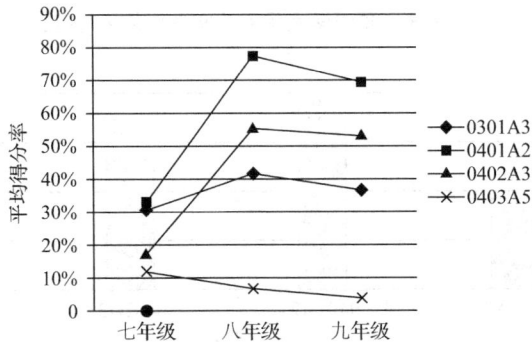

图4-12　H区初中三个年级经典名著各题平均得分率情况比较

H 区十年级学生在积累主题上的表现情况见表 4-10 和图 4-13、图 4-14。

表 4-10　H 区十年级学生积累主题平均得分率

优秀诗文	0101A2	0102A5	0201A2	0202B2
平均得分率	40.3％	62.7％	43.4％	49.4％
经典名著	0301A3	0401A2	0402A3	0403A5
平均得分率	51.7％	37.1％	35.9％	22.3％

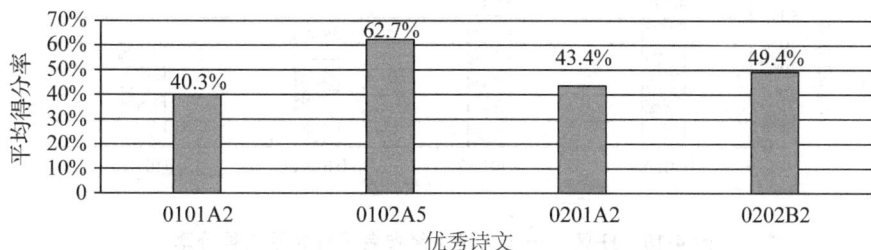

图 4-13　H 区十年级学生优秀诗文各题平均得分率

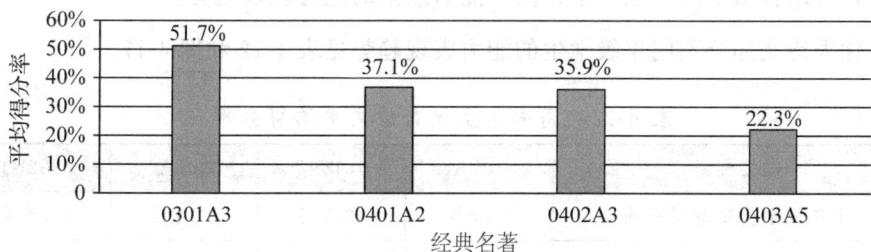

图 4-14　H 区十年级学生经典名著各题平均得分率

H 区十一年级学生在积累主题上的表现情况见表 4-11 和图 4-15、图 4-16。

表 4-11　H 区十一年级学生积累主题平均得分率

优秀诗文	0101A2	0102A5	0201A2	0202B2
平均得分率	36.3％	56.9％	36.1％	41.9％
经典名著	0301A3	0401A2	0402A3	0403A5
平均得分率	48.9％	51.1％	34.2％	31.2％

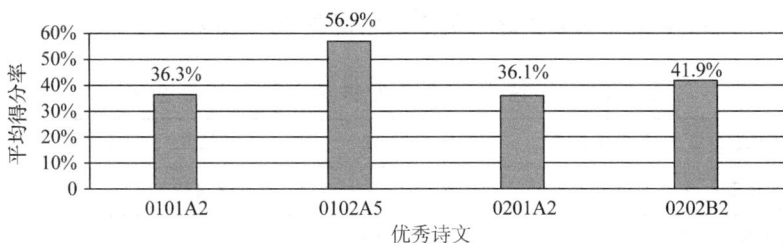

图 4-15　H 区十一年级学生优秀诗文各题平均得分率

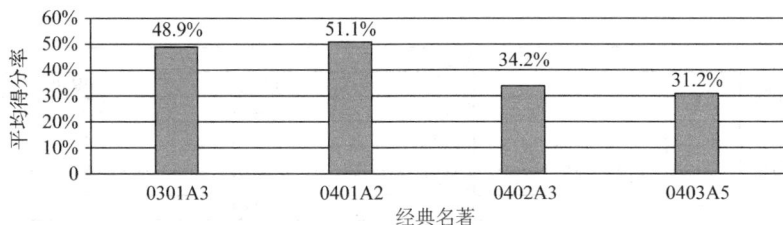

图 4-16　H 区十一年级学生经典名著各题平均得分率

通过对 H 区十年级学生和十一年级学生在积累主题上的能力表现情况进行分析，可以看出不同年级学生在同一能力点上的能力表现趋势。

优秀诗文部分不同年级学生的能力表现趋势见表 4-12 和图 4-17。

表 4-12　高中学生优秀诗文平均得分率

能力要素	0101A2	0102A5	0201A2	0202B2
十年级学生平均得分率	40.3％	62.7％	43.4％	49.4％
十一年级学生平均得分率	36.3％	56.9％	36.1％	41.9％

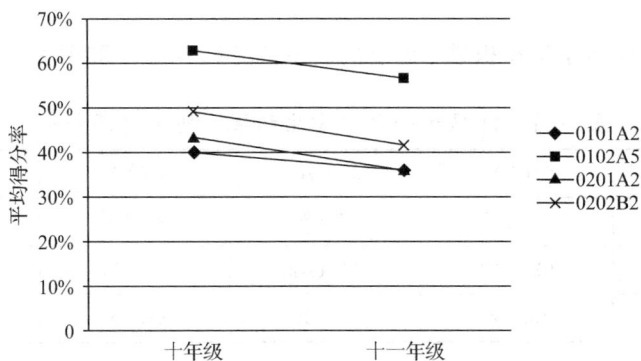

图 4-17　各年级优秀诗文平均得分率情况比较

可以看出，相比于十年级学生，十一年级学生在优秀诗文部分各个能力点的表现上均呈现出了下降趋势，这一现象值得我们思考。

经典名著部分不同年级学生的能力表现趋势见表 4-13 和图 4-18。

表 4-13　高中学生经典名著平均得分率

能力要素	0301A3	0401A2	0402A3	0403A5
十年级学生平均得分率	51.7%	37.1%	35.9%	22.3%
十一年级学生平均得分率	48.9%	51.1%	34.2%	31.2%

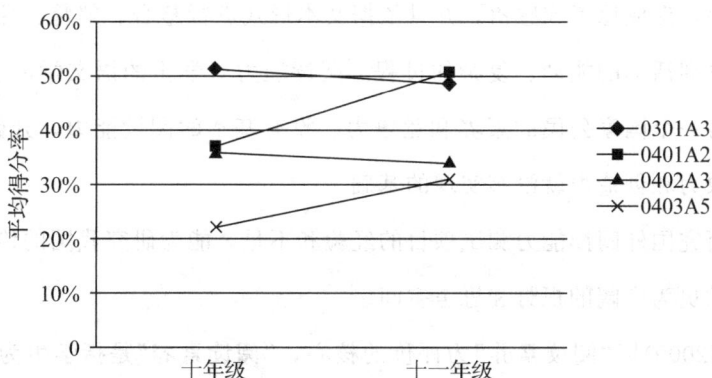

图 4-18　各年级经典名著平均得分率情况比较

经典名著部分中，A-3 能力点即"提取基本要素、重要细节和关键语句，从文本中捕捉重要的显性信息或隐性信息"的能力随着年级的升高，学生的表现呈现下降趋势，而另外两个能力点上学生的表现均随着年级的升高而进步。随着学生年级的升高，相对要求更高的能力得到重视和培养。在这一过程中，相对基础的语文能力应当得到相同的关照和发展，为学生更高层次的语文能力奠定坚实基础。

第二节　阅读主题能力表现研究

一、阅读主题能力理论框架

(一)构成模型

阅读是学生为实现增进知识、发展潜能以及参与社会活动等目标，与文本及其作者对话，形成思考或感悟，并且依据文本形式进行整合、解释、评价、解决问题等一系列活动的能动、复杂的过程。阅读能力对学生的语文学习至关重要，深刻影响着一个国家公民的素养和竞争力。没有基本的阅读能力，开阔的视野、丰富的想象力和创造力就没有实现的基础。

深入研究国外阅读能力测试项目的经验和不足，能为研究我国的语文测试框架构建提供更为广阔的视野和思考空间。

PISA(2009)以"阅读素养"为评价的核心，"阅读素养"是指学生为了达到个人目标、增进知识、发展潜能以及参与社会活动，而理解、运用、反思书面材料的能力以及投入阅读的状况。其中，"反思"是要求学生应用已有的知识理解、思考文本的结构和形式，"参与"意味着读者保持较强的阅读动机与文本进行互动。

NEAP(2009)认为，"阅读"是一个动态、复杂的认知过程，包括：理解书面文本，发展和解释意义，恰当地运用意义来满足不同的文本类型、阅读目的和阅读情境的需要。其中，"理解书面文本"指读者对文本字面意思的理解；"发展和解释意义"意味读者要将他们对特定文本的理解与从其他文本中获取的知识以及自己的相关体验整合起来；"运用意义"指读者要利用他们从文本中获得的观点和信息来满足特定阅读目的和情境的需要。

同样是"阅读素养"，PIRLS(2006)将其界定为"理解和运用社会需要的或个人认为有价值的书面语言形式的能力，年轻的阅读者能够从各种文章中建构意义，他们通过阅读进行学习、加入学校和日常生活中的阅读者群体，并进行娱乐"，而不同的读者在阅读时是以不同的方式构建意义的，他们带到阅读中的知识和经验背景直接影响着对文本的理解。PIRLS阅读素养测试的理解过程部分主要测查学生：(1)关注并提取信息的能力；(2)直接推论的能力；(3)解释并整合观点和信息的能力；(4)判断与评价的能力。

NCT阅读考试的测查内容按学段可分为：第一学段——基本的阅读能力(获取信息)；第二学段——较高的阅读能力(深层理解)；第三学段——全面的阅读能力(理解评价鉴赏)。测评项目包括：

(1)运用阅读策略来读懂文本的意义；(2)了解、描述、选择和定位文本中的信息、事件或观点，并引用文本答题；(3)演绎、推断或解释文本中的信息、事件或观点；(4)鉴别和评论文本的结构和组织，包括文本水平的文法和表现出的特色；(5)说明和评论作者的语言风格，包括词和句子水平的文法和文学上的特色；(6)鉴别和评论作者的目的和观点，以及文本给读者留下的总体印象；(7)把文本与其社会、文化和历史背景及文学传统相联系。

无论是NAEP还是PISA，都会根据每次的测试报告情况及最新的阅读理念等，不断地接收新的信息，在各自的框架中进行调整，尤其是对于阅读认知过程的调整。比如PISA2009增加了电子文本阅读评价，以及对阅读参与和元认知过程的分析。可见，任何一种阅读评价，对核心概念内涵的理解都要随着社会对"阅读"的认识及评价的需要而不断更新、发展、深化。具体见本书第一章，此处不再赘述。

在对阅读能力层级的划分和描述方面，国内外的测试项目也有一些值得注意的共性和差异，详见表4-14。

表 4-14 阅读能力层级的划分和描述

	PISA	NAEP	NCT	BJ	共性
被试的年龄或年级	15 岁 3 个月到 16 岁 2 个月	4、8、12 年级	2、6、9 年级	4、8 年级	1. 能力取向; 2. 强调能力指标与测试题目的对应性。
层级	1—5 级	高级 熟练 基本	水平 1—5	优秀 良好 合格	
划分和描述的依据	1. 掌握三大阅读能力的水平; 2. 阅读两种类型文本的能力水平。	1. 不同年级:两种类型文本及其阅读任务的复杂程度; 2. 同一年级:学生对恰当难度文本的理解水平。	阅读任务和测验的难度及其所需能力的水平。	1. 掌握五大阅读能力的水平; 2. 阅读三种类型文本的能力水平。	
特点	侧重于学习能力和实际应用能力。	提供文本模型,将测试点细化到学生对六个亚类型文本在流派、文本结构与特点、作者写作技巧三个方面的掌握情况。	1. 评价朗读能力; 2. 强调测验问题的恰当性、变化性和丰富性。	1. 评价文言文阅读能力; 2. 注重积累对阅读的作用; 3. 不在框架中明确体现划分依据。	

借鉴国内外测评项目的监测维度与监测方式,建构了阅读主题的测评框架,见表 4-15。

表 4-15 阅读主题的测评框架

一级内容主题	二级内容主题	能力要素
阅读	文言文阅读 实用类阅读 文学类阅读	**学习理解** 　　信息提取　　分析概括　　领会理解 **实践应用** 　　解释推断 **创新迁移** 　　发散创新　　批判赏析

阅读不同类型的文本,需要运用不同的阅读方法。以获得快感为目的的阅读,往往是感性的、随意的,强调整体感受和个人体验,不需要太多的技巧。但是,要想深入文本内部探求其深层意蕴和美学价值,就要求读者掌握一定的阅读

和鉴赏方法。阅读主题中的二级主题文言文阅读下，以下题为例，考查了学生对文言文的阅读理解，并在理解文章的基础上提取关键信息，把握文章深层含义。

例题：结合选文内容，说说王孙满是一个怎样的人。（4分）

	编码及说明	参考答案及评标
核心内容主题阅读方法文言文	A-3 提取基本要素、重要细节和关键语句，排除干扰信息； A-5 理解作品的内容、深层含义。	【要点一】 A-3 王孙满注意到秦师"免胄而下拜"与"超乘"，1分。 A-5 敏锐的洞察力（"观察仔细"），1分。 【要点二】 A-3 王孙满对"秦师必有谪"的推断与"晋人败诸崤"的结果相吻合，1分。 A-5 有远见，1分。 【评标】 A-3，各1分；A-5，1分。

（二）　水平等级划分

2014 年 10 月，SZ 市 43 所高级中学的 24865 名十年级学生参加了学科能力测试。表 4-16 对 SZ 市十年级学生在"阅读"主题的表现分水平进行了描述。其中，A 水平最高，D 水平最低。一般来说，在某一维度处于高水平的学生，也能完成较低水平的任务。

表 4-16　十年级学生语文阅读主题学业质量水平描述

水平	水平描述
A	能熟练运用工具书和相关资源解决语文学习中的问题；能独立思考与质疑探究，并批判性地评价、吸收传统及当代多元文化。
B	能对文本进行分析、概括；深入理解文本的内涵；针对具体情境，就相关问题提出合理的解决方案。
C	能真实、准确、完整地从话语、文本中捕捉重要的显性信息和隐性信息。
D	无法从话语、文本中捕捉有效信息。

二、阅读主题能力表现整体评价

(一)阅读主题能力表现总体情况

全体学生在阅读主题上的情况如下：

1. 全体学生在阅读主题各水平的人数比例

图 4-19 给出了 SZ 市全体学生在阅读主题各水平上的人数比例。

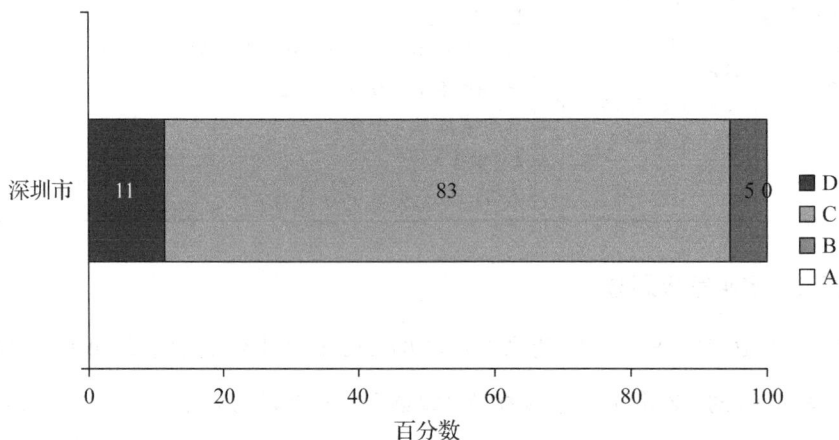

图 4-19 全体学生在阅读主题各水平上的人数比例

上图显示，语文学科总体上，SZ 市有 11％的学生处于 D 水平，即无法从话语、文本中捕捉有效信息。

有 83％的学生处于 C 水平，即能真实、准确、完整地从话语、文本中捕捉重要的显性信息和隐性信息。

有 5％的学生处于 B 水平，能对文本进行分析、概括；深入理解文本的内涵；针对具体情境，就相关问题提出合理的解决方案。

没有学生处于 A 水平，即能熟练运用工具书和相关资源解决语文学习中的问题；能独立思考与质疑探究，并批判性地评价、吸收传统及当代多元文化。

2. 全体学生在阅读主题各能力要素的表现(见表 4-17)

表 4-17　全体学生在阅读主题各能力要素及二级能力要素上的得分率(%)

	学习理解			实践应用	创新迁移	
	信息提取	分析概括	领会理解	解释推断	发散创新	批判赏析
得分率	4	25	22	47	67	38
得分率	33			47	52	

上表显示,在阅读主题上,学生的创新迁移能力较好,实践应用能力次之,学习理解能力较次。二级能力要素上,学生的信息提取能力、分析概括能力和领会理解能力均较差,这也是 2013 年 BJ 市 C 区学科能力测试,2014 年 BJ 市 F区、H 区学科能力测试,2014 年 SZ 市学科能力测试相互印证的结果。针对这三个能力薄弱点,为促进学生学科核心能力发展的教学改进,我们与 BJ 市 BZ 的HZY 老师共同进行了《三国演义》整本书阅读教学改进研究。

在曹操人物专题《曹操的人生》中,韩老师以学生的分析概括能力为切入点,让学生梳理概括和曹操有关的主要情节,具体要求如下:

梳理《三国演义》中关于曹操的主要情节。学生以小组为单位完成任务单(任务单课前学生自学先完成一部分)。

师:曹操这个人物从小说《三国演义》开篇的一个名不见经传的小人物,最终成为"挟天子以令诸侯"的一代"奸雄",曹操的一生可谓跌宕起伏。小说中关于曹操的哪些故事给你留下了深刻的印象,请同学们梳理概括。

曹操	故事情节	人物性格	启示
第 1 阶段: 破黄金、讨董卓	1. 诈病离间叔父;破黄金军(第 1 回) 2. 孟德献刀(第 4 回) 3. 残杀吕伯奢一家(第 4 回) 4. 发娇诏讨董卓(第 5 回) 5. 曹孟德移驾幸许都(第 14 回)	有心计,狡黠 胆大心细、有胆有识 多疑、残暴、自私 任人唯贤、雄才大略	
第 2 阶段: 平定北方	1. 讨吕布(第 12 回、第 19 回) 2. 征张绣,哭典韦(第 16 回) 3. 杀"衣带诏"诸臣(第 23 回) 4. 讨刘备,义待关羽(第 24 回、第 25 回)	忘恩负义(对陈宫) 才智过人(望梅止渴) 残暴、冷酷好杀 以诚待人	

曹操	故事情节	人物性格	启示
第2阶段： 平定北方	5. 官渡之战（第30～32回） 6. 平定辽东（第33回）	赏识人才 果断、能谋善断、善于听取 意见 老谋深算	
第3阶段： 赤壁之战 （第45～50 回）	1. 接收荆州（第40回） 2. 杀蔡瑁、张允（第45回） 3. 派蔡中、蔡和诈降（第46回） 4. 中黄盖的诈降计（第47回） 5. 中"连环计"（第47回） 6. 横槊赋诗（第48回） 7. 兵败赤壁（第49回） 8. 败走华容道（第50回）	鲁莽、易怒 刚愎自用 自负 才华横溢、骄傲自负 处变不惊、豁达	
第4阶段： 其余经历	1. 战马超，割须弃袍（第58回） 2. 曹操抹书间韩遂（第59回） 3. 曹操平定汉中（第67回）	机智 多谋	

这一环节的课堂实录如下：

老师：曹操从小说《三国演义》开篇的一个名不见经传的小人物，最终成为"挟天子以令诸侯"的一代"奸雄"，曹操的一生可谓跌宕起伏。我们结合曹操一生的重要经历，再回到刚才同学们刚才对他的认识上，你会有不同的感受。下面咱们同学以小组为单位，进一步完善你的任务单。

······

老师：咱们现在按小组来汇报。首先说明曹操一生的重大事件，小组其他成员补充。从第一阶段开始。

学生1：第1回曹操破黄巾、戏叔父，第4回曹操献刀，第10回曹操报父仇兴师，第12回曹操大战吕布。

老师：有没有补充的？

学生2：第4回曹操杀害吕伯奢，三英战吕布。

老师：第二阶段。

学生3：第12回讨吕布，第15回曹操伐张辽，第21回曹操煮酒论英雄。

学生4：第16回孟德征张绣，败师清水，第17回曹孟德会和三将讨袁术，第25回救白马曹操解重围。

学生5：第30～32回官渡之战。

学生6：补充一个小故事，在官渡之战期间，曹操见许攸。

学生7：第24回曹操杀董妃。

学生8：第16回曹操哭典韦。第17回打袁术曹操割发代首……

我们从学生的课堂发言可以了解到，学生基本依照任务单在老师给出的4个阶段内寻找、概括相应的故事情节，尽管这些故事情节基本按照时间先后顺序排列，且在重点情节上老师要求学生进行复述，但是每个阶段内故事情节的呈现较为松散随意，阶段与阶段之间也缺乏一定的呼应与勾连。这样的课堂展示虽然从一定层面上调动了学生的积极性，但整体还处于提取信息、罗列情节的层次，不能较为有效地指向学生分析概括能力的进步与提升。

为了加强该环节的针对性，避免以上问题，韩老师提出了新的改进方案，如下：

以小组（6名同学）为单位，根据任务单（任务单内容课前学生自学完成）内容，梳理出曹操重要的人生节点，并合作完成一张曲线图。

师：曹操这个人物从小说《三国演义》开篇的一个名不见经传的小人物，最终成为"挟天子以令诸侯"的一代"丞相"乃至"魏王"，曹操的一生可谓跌宕起伏。请同学们结合课前任务单梳理出你认为重要的曹操人生节点，完成"曹操的人生曲线图"。

要求：1. 以时间为横轴，以人生值为纵轴，完成曲线图，并在关键节点标出主要事件。

2. 组内研讨你们选取这些事件的理由。

3. 结合曲线图，将人物性格概括出来并填写在相应位置。

4. 老师组织各小组代表围绕所画的"曲线图"交流，学生解说所画理由，梳理主要情节，了解曹操不平凡的一生。（10分钟）

明确：关于曹操的主要人生节点有：（老师参与、引导学生交流）

①年二十，举孝廉，为郎，除洛阳北部尉——174年　　（第1回）　　20岁

②官拜骑都尉，大破黄巾军，斩首万余级——184年　　（第1回）　　30岁

③散家财，招募义兵，陈留起兵，发矫诏讨伐董卓——189年

　　　　　　　　　　　　　　　　　　　　　　　　　　（第5回）　　35岁

④挟持汉献帝，迁都许都——196年　　　　　　　　　（第14回）　　41岁

⑤逐鹿中原，平定北方：

　　进兵徐州，攻陶谦报父仇——193、194年　　　　（第10回）　　40岁

　　征张绣，败师淯水——197年　　　　　　　　　　（第16回）　　42岁

　　战吕布，白门楼吕布殒命——198年　　　　　　　（第14回）　　43岁

　　官渡之战，击败袁绍——200年　　　　　　　（第30、31回）　　45岁

　　远征乌桓（袁熙、袁尚），平定辽东——207年　　（第33回）　　52岁

⑥赤壁之战——208年　　　　　　　　　　　　（第43～50回）　　53岁

⑦平定凉州，战马超（韩遂）——211年　　　　　（第58、59回）　　56岁

⑧南征孙权，"孙权遗书退阿瞒"——213年　　　　　（第61回）　　58岁

⑨平定汉中，降张鲁——215年　　　　　　　　　　（第67回）　　60岁

⑩受封魏王——216年　　　　　　　　　　　　　　（第68回）　　61岁

⑪相持汉中，"曹阿瞒兵退斜谷"——218、219年　（第71、72回）　64岁

⑫襄樊会战——219年　　　　　　　　　　　　　（第73、74回）　　64岁

⑬传遗命奸雄数终——220年　　　　　　　　　　　（第78回）　　66岁

对所选事件理由的阐释与人物性格的概括均需要学生在深入理解名著内容的基础上进行，因此，改进后的学习活动综合提升学生的分析概括能力与领会理解能力。且改进后的学习活动对原来的学习活动做了延伸，不仅要求学生概括主要情节，还需要学生将概括出的主要情节按照时间节点排列，进而组织成曹操传奇的人生；不仅要求学生概括与曹操有关的主要情节，还要求学生基于这些情节感受人物形象。相较而言，这样的学习活动针对性强、高效有序。从学生的课堂表现中我们也可以略窥一二：

学生1：这条黑线是曹操每个年龄发生的事情，红线做的是曹操的人生轨

迹。我们依据黑线来说，他 23 岁的时候诈病离间叔父，40 岁的时候平定中原，45 岁的时候官渡之战，最后到 66 岁的时候去世。在这个事件的上面是他的人生轨迹，从他青年到中年，他的人生轨迹一直是上升的，败师淯水之后下降，再往后人生轨迹上升，到赤壁之战进入一个人生低谷，之后他和孙权打成了平手，所以在这块他的轨迹是平的，直到他去世。

老师：非常好！来下一个组。

学生 2：我觉得曹操的人生节点分别是 30 岁讨黄巾、35 岁讨董卓、45 岁官渡之战、53 岁赤壁之战，最后到 66 岁人生结束。粉色的是人生轨迹，官渡之战是一个转折点，他平定北方，赤壁之战他战败了，所以是一个人生低谷，最后就是去世。

老师：展示得也很清楚，来，下一个。

学生 3：我们组就画了一条，代表他的人生轨迹，分别是 30 岁破黄巾、46 岁官渡之战、52 岁平定辽东、53 岁赤壁之战，最后去世。曹操兵败赤壁，是人生最大的挫折，56 岁战马超的时候他割须弃袍也是一个挫折，兵退斜谷也是。

老师：为什么平定辽东最高呢？补充一下，是因为他平定了北方，达到了人生的顶峰。来我们听听下一个组的。

学生 4：我们选的人生节点一共 6 个，30 岁破黄巾、35 岁伐董卓、45 岁官渡之战、53 岁赤壁之战、61 岁受封魏王、66 岁寿终。我说说为什么这么分吧？破黄巾、讨董卓和前面一样，我就在受封魏王这儿多加了一个，因为在这里他有了一个实质的名号了。

……

老师：一些小组把曹操挟天子以令诸侯看作一个节点，有谁解释一下为什么？

学生：因为之前曹操的事都是发生在自己一个人身上，到挟天子以令诸侯，他已经能够影响到多数人了，有了杀伐之权。

老师：你们这组接着说一下曹操的性格。

学生 5：曹操在大破黄巾时很机智，在讨董卓的时候是勇敢谨慎的，在挟天子以令诸侯时候是果断的，官渡之战果敢。

学生1：我们从每一个事件里边能看出曹操的性格。首先是诈病离间叔父，他奸诈狡猾，破黄巾讨董卓时候是一个志向远大的年轻人，征战四方到统一北方，有军事才能，做事果断。

学生2：曹操年轻的时候志向远大，讨董卓的时候非常机智勇敢，官渡之战时候很爱惜人才，是野心勃勃的一代枭雄。到赤壁之战，我觉得他有点骄傲自满了，到去世的时候，暴躁而狡猾。

学生3：我觉得他是一个残暴自私的人，比如他杀伏皇后，从破黄巾来看他是一个志向远大的人，他生性多疑，比如他最后杀华佗，他也是求才若渴的一个人。

学生4：我们认为曹操是一个足智多谋的人，其次是一个奸诈狡猾的人，他还有一点狂妄自大，他也是一代枭雄，善于用人，比如义待关羽。

老师：难能可贵的是同学们能把这些性格和情节连在一起，这是非常重要的。你说他是怎样的一个人，一定要回到文本当中去……

通过这一个简单、完整、独立的学习活动，学生对曹操一生的起落荣辱有了较为直观的认识，同时也依据其在各个时间节点的典型事件理解了他性格的多面性。他们在课堂上的这些精彩表现，以及对名著的深入解读，都折射出了其在分析概括、领会理解等核心能力上的提升。

(二)阅读主题能力表现比较研究

1. 不同群体学生在阅读主题上的情况

(1)不同群体学生在阅读主题各水平的人数比例

图4-20给出了SZ市不同群体学生在阅读主题各水平上的人数比例，可见，SZ十年级语文学科阅读主题，公办学校学生表现优于民办学校；县镇学校学生表现优于城市学校；完全中学学生表现优于高级中学优于12年一贯制学校；女生表现优于男生；SZ户籍学生表现优于非SZ户籍学生；独生子女表现优于非独生子女；单亲家庭学生表现优于非单亲家庭学生。

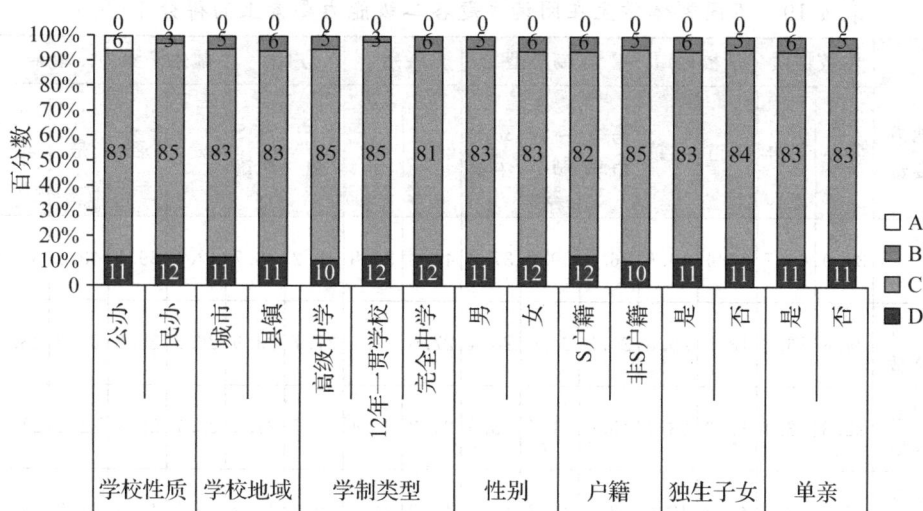

图 4-20 不同群体学生在阅读主题各水平上的人数比例

（2）不同群体学生在阅读主题各能力要素的表现（见表 4-18、表 4-19）

表 4-18 不同群体学生在阅读主题各能力要素上的得分率（％）

能力要素	学校性质		学校地域		学制类型			性别		户籍		独生子女		单亲	
	公办	民办	城市	县镇	高级中学	12年一贯制学校	完全中学	男	女	S户籍	非S户籍	是	否	是	否
学习理解	33.6	27.5	33.3	28.7	31.7	28.8	34.5	30.0	35.2	31.4	34.5	32.3	32.9	31.0	32.9
实践应用	48.2	42.4	48.0	43.4	46.3	43.1	49.2	44.3	50.2	45.8	49.7	46.4	47.9	44.2	47.7
创新迁移	53.4	46.2	53.3	46.8	50.7	46.7	55.2	47.3	57.2	49.9	56.0	50.8	53.3	49.0	52.9

表 4-19　不同群体学生在阅读主题各二级能力要素上的得分率(%)

能力要素	学校性质		学校地域		学制类型			性别		户籍		独生子女		单亲	
	公办	民办	城市	县镇	高级中学	12年一贯制学校	完全中学	男	女	S户籍	非S户籍	是	否	是	否
信息提取	39.9	40.7	36.4	40.6	36.9	39.2	37.2	41.4	36.8	43.2	38.7	42.1	39.0	40.8	38.3
分析概括	24.8	26.2	18.5	25.8	20.3	24.0	20.4	27.0	22.1	27.7	23.9	26.5	25.2	24.8	23.7
领会理解	22.3	23.4	17.3	23.1	18.6	21.5	18.6	24.2	21.4	23.3	21.5	23.7	22.7	22.2	21.2
解释推断	47.2	48.2	42.4	48.0	43.4	46.3	43.1	49.2	44.3	50.2	45.8	49.7	46.4	47.9	44.2
发散创新	66.7	68.0	60.6	68.1	60.4	65.4	61.3	69.7	62.1	71.6	64.4	70.9	65.6	67.9	63.8
批判赏析	37.5	38.7	31.7	38.4	33.1	36.0	32.1	40.7	32.5	42.8	35.5	41.2	36.0	38.8	34.2

2. 不同区学生在阅读主题上的情况

(1)不同区学生在阅读主题各水平的人数比例

图 4-21 给出了 SZ 市不同区学生在阅读主题各水平上的人数比例。

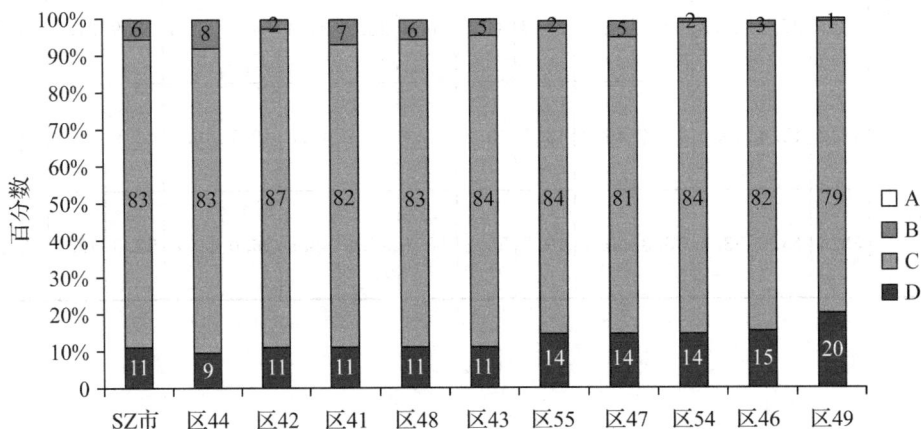

图 4-21　不同区学生在阅读主题各水平上的人数比例

图 4-21 显示，SZ 市十年级语文学科，不同区学生在各水平的人数比例相差较大。区 44D 水平学生比例最低，区 49D 水平学生比例最高；区 41、区 44A 水平和 B 水平学生比例最高，区 49、区 54A 水平和 B 水平学生比例最低。

（2）不同区学生在阅读主题各能力要素的表现（见表 4-20、表 4-21）

表 4-20　不同区学生在阅读主题各能力要素上的得分率（%）

能力要素	SZ 市	区 44	区 42	区 43	区 46	区 47	区 48	区 55	区 49	区 41	区 54
学习理解	32.5	36.8	33.3	36.2	29.8	29.0	28.2	28.7	28.6	28.7	30.4
实践应用	47.2	51.4	46.5	51.9	43.9	43.0	42.5	42.3	43.3	43.6	44.3
创新迁移	52.1	58.7	49.6	58.8	46.7	46.4	45.6	44.2	44.6	47.1	49.1

表 4-21　不同区学生在阅读主题各二级能力要素上的得分率（%）

能力要素	SZ 市	区 44	区 42	区 43	区 46	区 47	区 48	区 55	区 49	区 41	区 54
信息提取	39.9	43.0	39.7	43.9	37.5	36.2	35.9	36.8	37.0	36.9	40.5
分析概括	24.8	30.7	26.3	28.2	21.0	20.8	20.2	20.6	20.0	20.2	21.0
领会理解	22.3	26.4	24.1	25.0	20.4	20.4	18.3	19.2	18.1	18.6	18.7
解释推断	47.2	51.4	46.5	51.9	43.9	43.0	42.5	42.3	43.3	43.6	44.3
发散创新	66.7	74.3	64.8	72.7	62.7	60.9	60.4	55.5	58.3	61.1	64.4
批判赏析	37.5	43.1	34.5	45.0	30.6	32.0	30.9	32.8	30.9	33.2	33.7

第三节　表达主题能力表现研究

一、表达主题能力理论框架

（一）构成模型

随着研究视野的逐渐开阔，我国学者对国内外的学生学习能力测评有了更多的研究与认识，这对于制定我国的学科能力评价体系有着重要的借鉴意义。运用内容分析法对国内外评价框架研究现状进行分析发现，就研究内容而言，大部分研究者着重研究测评项目中的阅读测试和探讨某一测试项目的整体测评机制，而有关写作和解决问题等能力测评的研究文献较少。

其中，NCT对母语能力的测评核心为读写能力、认识水平和文学素养。2005年，美国大学委员会决定改变SAT试题内容，新SAT考试分成阅读、数学、英文写作三大部分。新增设的单独记分的写作部分，包括作文和语法运用两个内容，前者采用命题性形式，后者采用多项选择形式。

教育部国家中小学学业质量监测将写作情境设定为：依据个人感受和体验自由阐发；根据一定的目的写解释性或者说明性的材料，监测的写作能力主要为构思、表达、修改。北京市语文学科学生学业水平测试方案在写作中则着重考查学生明确内容、安排结构、运用语言、修改文章的能力。

全港性系统评估测试的学习范畴/能力包括：聆听、阅读、写作、说话、视听资讯。其中，说话分为个人和小组。台湾语文能力测试框架共涉及对注音符号应用、识字写字、阅读和写作四种能力的测查。其中对写作能力的测查放在了阅读能力监测的前面。台北市的监测框架没有单独列出写作能力测查，但在试卷中以选择题的形式考查了学生的写作能力，如其中一题为：小华要写一篇作文，题目是《现代化的台北》，下列哪一项不适合选为这篇文章的材料？这与大陆通过让学生完成一篇命题作文、半命题作文或自由命题作文的形式来测查其写作能力的做法不同。

借鉴国内外测评项目的监测维度与监测方式，建构了表达主题的测评框架，见表4-22。

表4-22　表达主题的测评框架

一级内容主题	二级内容主题	能力要素
表达	任务型表达 个性化写作	**学习理解** 　观察注意　　信息提取 **实践应用** 　应用交际 **创新迁移** 　发散创新　　批判赏析

针对不同类型的表达任务，学生应当运用不同的策略去完成。任务型表达更

强调实用性和规范性，而个性化写作则更强调独特性和创新性。表达主题中的二级主题个性化写作下，以下题为例，考查了学生观察生活情景，创新写作的能力，学生可以将现实生活中的感受和领悟作为基础，展开个性化的写作表达。

例题：请以《时间都去哪了》为题，写一篇结构完整的文章，文体不限。

	编码及说明	参考答案及评标
核心内容主题 表达策略 个性化	A-1 观察生活情境。 B-1(1)考虑不同的目的和对象，选择恰当的内容； B-1(2)表达方式和语言恰当； B-1(3)格式正确、规范。 C-1 创造性地解释、化用，尝试创作，内容创新； C-2 有积累和感受、领悟，认识独特，情感真实。	A-1，2分。 B-1(1)，6分。 B-1(2)，5分。 B-1(3)，3分。 C-1，3分。 C-2，6分。

(二)水平等级划分

以 SZ 市测试为例。2014 年 10 月，SZ 市 43 所高级中学的 24865 名十年级学生参加了学科能力测试。表 4-23 对 SZ 市十年级学生在"表达"主题的表现分水平进行了描述。其中，A 水平最高，D 水平最低。一般来说，在某一维度处于高水平的学生，也能完成较低水平的任务。

表 4-23　十年级学生语文表达主题学业质量水平描述

水平	水平描述
A	能够进行创意性的表达。
B	能根据不同目的和场合，用语言文字清晰、合理地表达观点。
C	书写规范、格式正确；表达不偏离话题。
D	书写潦草、格式错误；表达没有核心主题。

二、表达主题能力表现整体评价

(一)表达主题能力表现总体情况

全体学生在表达主题上的情况如下：

1. 全体学生在表达主题各水平的人数比例

图 4-22 给出了 SZ 市全体学生在表达主题各水平上的人数比例。

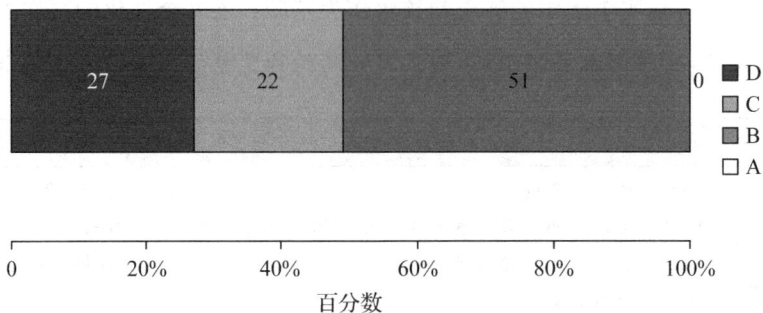

图 4-22　全体学生在表达主题各水平上的人数比例

图 4-22 显示，在语文学科总体上，SZ 市有 27％的学生处于 D 水平，即书写潦草、格式错误；表达没有核心主题。

有 22％的学生处于 C 水平，即能书写规范、格式正确；表达不偏离话题。

有 51％的学生处于 B 水平，即能根据不同目的和场合，用语言文字清晰、合理地表达观点。

没有学生处于 A 水平，即能够进行创意性的表达。

2. 全体学生在表达主题各能力要素的表现（见表 4-24）

表 4-24　全体学生在表达主题各能力要素及二级能力要素上的得分率（％）

	学习理解			实践应用	创新迁移
	观察注意	信息提取	应用交际	发散创新	批判赏析
得分率	76.2	27.3	34.8	37.1	44.8
得分率	51.6			34.0	39.2

(二)表达主题能力表现比较研究

1. 不同群体学生在表达主题上的情况

(1)不同群体学生在表达主题各水平的人数比例

图 4-23 给出了 SZ 市不同群体学生在表达主题各水平上的人数比例。

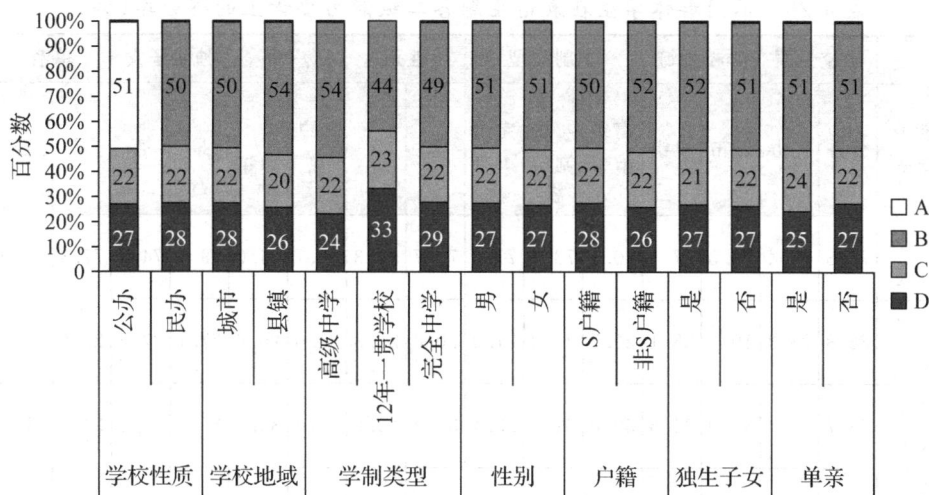

图 4-23　不同群体学生在表达主题各水平上的人数比例

上图显示，SZ 十年级语文学科表达主题，公办学校学生表现优于民办学校；县镇学校学生表现优于城市学校；高级中学学生表现优于完全中学优于 12 年一贯制学校；女生表现优于男生；非 SZ 户籍学生表现优于 SZ 户籍学生；独生子女与非独生子女、单亲家庭学生与非单亲家庭学生均表现相当。

（2）不同群体学生在表达主题各能力要素的表现（见表 4-25、表 4-26）

表 4-25　不同群体学生在表达主题各能力要素上的得分率（%）

能力要素	学校性质		学校地域		学制类型			性别		户籍		独生子女		单亲	
	公办	民办	城市	县镇	高级中学	12年一贯制学校	完全中学	男	女	S户籍	非S户籍	是	否	是	否
学习理解	52.3	46.4	52.6	45.3	49.4	46.2	54.8	46.8	56.1	50.3	53.1	51.0	52.0	48.1	52.1
实践应用	34.4	30.0	34.5	30.0	32.2	30.4	36.2	29.8	37.7	32.7	35.5	33.0	34.4	31.4	34.2
创新迁移	39.7	35.5	39.9	34.5	36.9	34.9	42.3	34.7	43.5	37.5	41.6	38.0	40.1	36.3	39.7

表 4-26　不同群体学生在表达主题各二级能力要素上的得分率(%)

能力要素	学校性质		学校地域		学制类型			性别		户籍		独生子女		单亲	
	公办	民办	城市	县镇	高级中学	12年一贯制学校	完全中学	男	女	S户籍	非S户籍	是	否	是	否
观察注意	75.8	76.4	73.3	77.1	70.1	73.4	71.5	79.7	71.3	80.7	74.0	79.1	74.5	77.3	71.0
信息提取	26.8	28.3	19.5	28.1	20.5	25.3	21.0	30.0	22.3	31.6	26.6	27.1	27.6	26.6	25.2
应用交际	33.7	34.4	30.0	34.5	30.0	32.2	30.4	36.2	29.8	37.7	32.7	35.5	33.0	34.4	31.4
发散创新	36.5	37.3	32.8	37.3	32.7	34.8	32.3	39.6	32.4	40.9	35.1	39.0	35.6	37.5	34.1
批判赏析	43.9	44.6	41.0	45.2	38.1	41.3	40.1	47.9	39.4	48.8	42.4	46.7	42.7	45.2	40.6

2. 不同区学生在表达主题上的情况

(1)不同区学生在表达主题各水平的人数比例

图 4-24 给出了 SZ 市不同区学生在表达主题各水平上的人数比例。

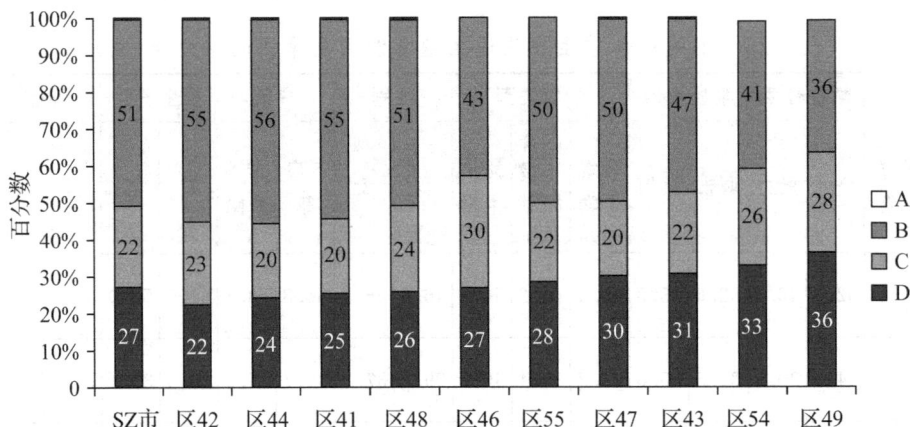

图 4-24 不同区学生在表达主题各水平上的人数比例

图 4-24 显示，SZ 市十年级语文学科，区 42 D 水平学生比例最低，区 49D

水平学生比例最高；区 44、区 42A 水平和 B 水平学生比例最高，区 49、区 46A 水平和 B 水平学生比例最低。

(2)不同区学生在表达主题各能力要素的表现(见表 4-27、表 4-28)

表 4-27　不同区学生在表达主题各能力要素上的得分率(％)

能力要素	SZ市	区 44	区 42	区 43	区 46	区 47	区 48	区 55	区 49	区 41	区 54
学习理解	51.3	48.9	58.8	46.1	43.4	46.1	49.6	45.8	44.7	53.7	56.7
实践应用	33.7	31.3	39.5	30.3	28.5	29.0	29.4	27.6	30.1	35.2	37.3
创新迁移	39.0	35.3	46.6	36.0	32.0	33.1	34.0	30.4	34.6	41.5	43.2

表 4-28　不同区学生在表达主题各二级能力要素上的得分率(％)

能力要素	SZ市	区 44	区 42	区 43	区 46	区 47	区 48	区 55	区 49	区 41	区 54
观察注意	75.8	80.7	69.8	86.0	72.3	65.8	69.2	68.0	62.3	70.4	82.2
信息提取	26.8	32.7	27.9	31.7	20.0	21.0	22.9	31.2	29.4	19.1	25.2
应用交际	33.7	37.3	31.3	39.5	30.3	28.5	29.0	29.4	27.6	30.1	35.2
发散创新	36.5	40.7	33.3	43.2	33.3	30.0	30.8	31.7	28.9	32.9	38.6
批判赏析	43.9	48.1	39.4	53.4	41.3	36.2	37.7	38.7	33.5	38.0	47.5

第五章

语文学科能力表现的
影响因素研究

第一节 理论框架的提出

学科能力表现测评研究的结果主要是为公众呈现学生学科能力的现实状况，从而为教育决策以及改进教育教学提供依据。但是为什么学生的学科能力呈现出如此现状？为什么学生接受"相同"的教育，却出现千差万别的学科能力结果，甚至差异迥然？为什么会有这种现状？有哪些内在的和外在因素导致学生学科能力出现种种差异？这些都属于学科能力影响因素研究范畴。事实上，真正能为教育决策以及教育教学改进提供直接依据的并不是"实然"的学科能力测评结果，而是造成此"实然"状态的原因，即学科能力影响因素。从这种意义上来说，探究学生学科能力影响因素的重要性是不言而喻的（Altschul，2006；Bybee & Kennedy，2005；Ferrini-Mundy & Schmidt，2005；Kher，Schmidt，Houang，& Zou，2007；Vagi，2007）。学科能力影响因素的有关研究结果可以作为教师评鉴、绩效考核、学校管理乃至于教育政策的拟定依据。

事实上，任何大型的学业成就测评研究，必然相伴着学业成就影响因素研究。国际著名的学业成就三大测试项目 PISA、TIMSS 和 NAEP，都分别把影响因素研究作为重要的研究和分析领域。

PISA 测评中，影响因素测评是相对独立的一个研究领域，在报告呈现时，影响因素作为重要的组成部分列于其中。

TIMSS 测试研究主要包括数学与科学成就和影响因素两部分组成。数学与科学成就主要是考查学生们对基本概念的掌握以及应用基本概念进行推理的情况。影响因素主要关注学生的学习兴趣、学习态度、学习风格、学习习惯等可能对其学业成就有影响的相关因素。

NAEP 测试中关注的学业成就影响因素包括学生的性别、教师的教学经验、学校的类型、学校的环境、父母的教育程度，等等。

因此，学科能力测评研究必然需要及时配合进行学科能力影响因素的研究。

首先，基于具体学科研究学科能力影响因素极为必要。综观已有学业成就影响因素的众多研究，尚未见到对学生各学科能力的影响因素进行系统研究的成果发布。我国当前以学科教学为主要形式的背景下，研究具体学科学科能力的影响因素，能够为具体学科的教学提供更为直接的指导和参考。

作为一般因素探讨的某些学科能力影响因素，有时也具有一定的学科特性。也就是说，某学科能力影响因素对学生学业的影响也会随着具体学科的不同而有一定差异。例如，众多研究都表明学习动机是影响学生学科能力的重要因素，从理论上讲，在一定范围内，学生学科能力水平会随着学生学习动机的增强而提高。但事实上，学生的学习动机根据不同学科而具有较大的差异，某位学生的数学学习动机很强，但其在英语学科的学习中学习动机可能很弱。自我效能感、对教师的态度、教师的教学方式和教学行为等这些影响学生学科能力的重要因素在一定程度上都有学科特性，因此除了探讨影响学科能力的一般影响因素，还应该在具体学科的层次上，深入研究影响某个具体学科学科能力的影响因素。

其次，不同学科及其教学除了具有各门学科的共性外，都有各自不同的特性。如不同学科教师的常见教学行为因为学科特点和教学需要可能存在较大差异，一般性因素分析无法全面考虑或进行区分。如教师领读是英语学科教师的常见教学行为，而在其他学科特别是理科类学科中，则几乎不见。又如，组织学生进行实验探究是化学、物理、生物等学科教师的重要教学行为，但在文科类学科中则很少见。如果不考虑学科特点而将教学行为等因素一概而论，建立与学科能力的相关分析，会使分析结果不准确，而降低可信度。从更深层和微观的层面来说，学生对某一具体学科的不同内容主题的学习效果也会有一定差异，要探讨产生这些差异的原因，也必须至少深入到具体学科的层面进行学科能力影响因素的研究。

最后，从影响因素研究成果的解释力、预测力和指导力等方面来看，深入研究具体学科学科能力影响因素也具有重要意义。我们研究学科能力影响因素，并非仅仅为了弄清楚有哪些重要的因素影响学生的学科能力，其研究结果还应该能够根据学生的实际情况判断学生的学科能力，同时指导教师、学校、家长等形成合力，提升和促进学生的学科能力水平。我国现阶段的学校教学形式主要是分科教学，而要使研究成果具有较强的解释力、预测力和指导力，有针对性地为各学科教学提出可操作性更强的意见或建议，深入研究具体学科的影响因素，是十分必要的。

第二节 测查工具的设计

一、 测查工具的设计流程

学科能力影响因素测查工具的开发主要包括文献分析、专家论证、编制工具、检验信效度、初步试用 5 个环节，见图 5-1。

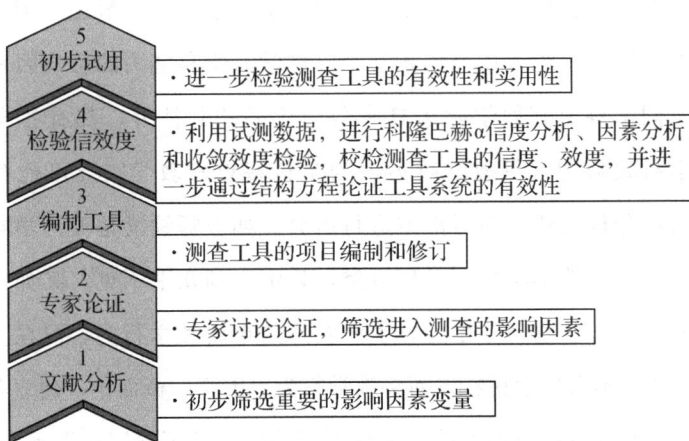

图 5-1 影响因素测查工具开发思路和过程图

(一)基于文献分析初步筛选影响因素变量

学科能力是学业成就的核心组成部分。目前关于学科能力的影响因素的研究很少。因此，在筛选学科能力影响因素时，我们要同时关注学业成就影响因素的已有研究。关于学业成就影响因素的研究涉及心理学、教育学、精神卫生学、生理与健康学、社会学、家政学、经济学等众多领域。影响学业成就的因素错综复杂，国内外不少学者和研究团队对影响学业成就的因素进行了多层次、多角度的研究，既有理论分析，也有实证研究，研究方法和研究结果都有很多不同。综合国内外不同学者的观点与看法，影响学业成就的因素，大致上可分为学生个人因素、家庭因素、教师因素、学校因素、社会文化因素和国家政策因素 6 个方面，其中社会文化因素和国家政策因素属于较上位的影响因素，在具体学科层面讨论的意义不大，特别是在学科内核心因素变量系统尚未建立且各因素变量间关系尚不明确的情况下，研究层面不适合跨度太大，因此我们对这两类因素暂且不关注。对于家庭因素以及学校因素，我们认为这两个因素更接近于一般学业成就的影响因素，为了构建较为完整的学生语文学业成就影响因素系统，研究中仅粗浅涉及。

我们基于不同的学科探查特定学科的学科能力影响因素，因此选择一些可能具有学科特质的变量进行综述分析，这里我们重点关注学生个人因素、教师因素。其中学生个人因素包括：学习动机、自我效能感、情感态度、学习策略 4 个子变量与学业成就关系；教师因素包括：教师教学、家庭作业布置、教师个人特征。家校因素并不是我们重点关注的因素变量，因此只关注研究结果普遍支持的对学业成就有正向影响的因素。其中家庭因素包括：家庭社会经济地位、家庭资源、家庭社会资本等。学校因素包括：学校资源、学校校风、师资阵容等。

(二)专家讨论论证，筛选进入测查的影响因素

在基于大量的文献分析的基础上，我们从中初步梳理对学生学业成就有重要影响的各因素变量，并将其归类。接下来进一步组织各学科相关领域专家，对这些影响因素的重要性、学科特性、内涵、测查视角等进行系统全面的讨论分析，然后基于不同的学科，将各影响因素变量从学生感知的角度具体化。本环节既充分论证了各影响因素的专家效度，也保证了下一步各影响因素变量测查项目编制的初步科学性。

(三)测查工具的项目编制和修订

基于研究设计，测查工具的问题设计主要是从学生能够感知的视角，选择相对外显的和能够被学生感知到的学习或教学表述，来代表各因素变量的情况。其中对学习动机测查工具的设计是基于 IRT 理论 Rasch 模型。本次测试的所有题型均为五级量表，包括程度型选择(非常同意、比较同意、基本同意、不太同意、完全不同意)和频次型选择(总是、经常、有时、很少、从不)。

(四)测查工具的信度、效度

由于学习动机测查工具的开发是基于 IRT 理论 Rasch 模型，因此学习动机测查工具的修订是基于 Rasch 模型的要求，对语文学习动机水平量表的质量进行一系列检验，包括量表总体情况分析、怀特图、单维性检验、项目 measure 值、气泡图、项目特征曲线等。根据以上各项检验指标，我们基于 IRT 理论 Rasch 模型开发的语文学习动机水平测查量表比较理想，可以用于中学生语文学习动机水平的测查。

其他因素变量测查工具的修订和质量评价主要有以下过程：首先通过专家效度和分维度科隆巴赫 α 信度分析对各变量测查项目进行初步筛选，继而对筛选出的项目进行因子分析，我们基于试测结果对各观察变量进行因素分析后，确定最终进入实际测查及结果分析的题项，并对各变量测查工具进行了收敛效度的分析。

(五)利用该工具进行初步试测及分析

利用以上测查工具，我们在 BJ 地区进行了第一轮较大规模的测试。测查样本来自 BJ 市 H 区(3908)、F 区(1504)。样本涉及九年级、十年级、十一年级和十二年级四个年级。样本选择同时考虑从各区分别选择不同类型的学校代表，并从各学校中根据学生能力水平情况抽取一定比例的学生样本。采取以学校年级为单位进行集中测试的方法，研究者向施测组织者说明施测要求，施测时监考教师向学生说明注意事项，测试时间为 30 分钟。测试时间是各年级学习的中段。

利用所获得的数据，我们对各因素变量与学科能力的关系进行了相关分析及分步回归分析，通过相关分析可以看出，研究中考查的绝大多数因素变量与语文学科能力呈显著的正相关关系。本研究工具经过初步测查试用，表明其具有较高的信效度，能够用于分析和诊断中学生语文学科能力表现。

　　SZ 测试学生问卷在 H 区和 F 区测试工具的基础上进行了适当修订。我们此次影响因素测查中将增加教师问卷，拆分学生问卷中的部分测试项目到教师问卷中。增加教师问卷的缘由：其一，增加学生答题的信度。其二，深入对比和论证教师对自身教学方式、教学策略以及教学活动任务设计等的认知与学生真实感知的差异。

　　在 SZ 测试中，除了缩减学生问卷中各学科测试的题量，我们对 SZ 测试的学生问卷打破原先各学科独立成卷、独立测试的形式，采用了全新的组卷方式。具体方法是将各学科的问卷进行整合，按照各学科测查的公共因素变量组卷。SZ 学科能力影响因素测试学生卷共分为 5 卷。一卷主要测查家校因素、作业、周课时、课外辅导等；二卷主要测查学习动机和元认知；三卷主要测查情感态度、意志力和自我效能；四卷主要测查语文、数学和英语学科学生的主要认知活动情况；五卷主要测查化学、物理和生物学科学生的主要认知活动情况。其中四卷和五卷是分学科测试，集中体现各学科特色。一卷、二卷和三卷中既包括各学科共通的题目，也包括部分具有学科特色的题目。各学科共同的题目是将各学科相同、相似或相近的测查项目进行整合，统一表述测查题干，让学生分学科思考作答；具有学科特色的题目是在题干中指明了具体学科或描述特定学科的特质性内容，如"我自信在阅读英文材料时，能把握文章的隐含信息和作者的真实意图。"

二、测查工具的内容框架

　　测查工具调查的因素变量包括学生因素、教师因素、家庭因素、学校因素四大类。

　　学生因素重点关注学生的非智力因素和元认知（自我效能、动机水平、情感态度）、认知活动（学习理解、实践应用、创新迁移）、资源管理活动（寻求他人支持、充分利用时间、物质资源利用）以及学生的个人特质（性别和性格）。

　　教师因素重点关注教师的教学方式（探究教学、促进学生认识发展的教学）、教学活动任务设计（学习理解类任务设计、实践应用类任务设计、创新迁移类任务设计）和师生关系三个方面的因素变量，同时也测查了教师的教龄、学历和性别等教师个人特质变量。

家庭因素和学校因素分别基于文献分析选择研究者普遍认为对学生学业成就有重要影响的因素，进入学科能力影响因素研究。家庭因素主要包括家庭社经地位(父母亲教育程度、父母亲职业、家庭收入)、家庭资源(独立的学习房间和学习桌、与语文有关的课外读本)、家庭社会资本(父母期望、父母参加学校活动、了解子女的学习过程)。学校因素包括学校资源、学校校风和同伴支持。学校资源包括：多媒体设备、图书馆中语文课外读本的数量，校刊、广播站、电视台的设置；学校校风包括积极向上、尊师爱生、秩序井然。

语文学科对各级变量的拆解和说明见表 5-1。

表 5-1　语文学科能力影响因素变量拆解与设计

因素类别	二级变量	三级变量
学生因素	个人特质	包括：性别、性格
	非智力因素与元认知	自我效能
		动机水平
		情感态度
		元认知 包括：计划、监控、调节
	认知活动	学习理解 包括：观察注意、记忆、信息提取、分析概括、领会理解
		实践应用 包括：应用交际、解释推断、解决问题、策略应用
		创新迁移 包括：发散创新、批判赏析、内化完善
	资源管理活动	寻求他人支持
		充分利用时间
		物质资源利用
家庭因素	家庭社经地位	包括：父母亲教育程度、父母亲职业、家庭收入
	家庭资源	独立的学习房间和学习桌、与语文有关的课外读本
	家庭社会资本	包括：父母期望、父母参加学校活动、了解子女的学习过程

续表

因素类别	二级变量	三级变量
学校因素	学校资源	包括：多媒体设备、图书馆中语文课外读本的数量，校刊、广播站、电视台的设置
	学校校风	包括：积极向上、尊师爱生、秩序井然
	同伴支持	
教师因素	教师个人特质	包括：教龄、学历和性别
	教学方式	探究教学
		促进学生认识发展的教学
	教学活动任务设计	学习理解类任务设计
		实践应用类任务设计
		创新迁移类任务设计
	师生关系	民主、和谐、宽松
其他因素	每周课时数、课外学习、课外辅导、作业量、作业难度	

第三节　语文学科能力表现的主要影响因素

一、各因素变量测查工具的总体情况

根据各因素变量的内涵基于本学科的特征，编制测试题项后，我们经过专家效度的检验分析，保证测查工具的内容效度和专家效度。进而对各因素变量测查工具经过两轮试测及修订，保证测查工具的信度。

语文学习活动系统各因素变量具体的测试题项分布见表5-2。

表 5-2 各因素变量测查工具的总体情况

二级因素变量	三级因素变量	题项
非智力因素与元认知	自我效能	Q26;Q27;Q29;Q30;Q35
	动机水平	Q28;Q37;Q38;Q39;Q40;Q41;Q42;Q43;Q44;Q46;Q47;Q48;Q49;Q50;Q51;Q52;Q53;Q55;Q56;Q57;Q58;Q59;Q60;Q74
	元认知	Q74;Q86;Q88;Q89;Q90;Q91;Q92;Q93
	情感态度	Q61;Q62;Q65;Q66;Q68;Q69;Q70;Q71
认知活动	**学习理解活动** 观察注意;记忆;信息提取;分析概括;领会理解	Q54;Q73;Q75
	实践应用活动 应用交际;解释推断;解决问题;策略应用	Q76;Q77;Q78
	创新迁移活动 发散创新;批判赏析;内化完善	Q80;Q81;Q82;Q83;Q84
资源管理活动	寻求他人支持	Q47;Q94
	充分利用时间	Q87;Q96;Q97;Q101
	物质资源利用	Q79;Q98;Q99
语文教学方式	探究教学	Q110;Q111;Q112;Q114
	促进认识发展的教学	Q115;Q116;Q118;Q120;Q121
教学活动任务设计	学习理解类任务	Q117;Q127;Q129;Q130;Q138
	实践应用类任务	Q132;Q133;Q139
	创新迁移类任务	Q110;Q111;Q112;Q114;Q134;Q135;Q137
师生关系	民主、和谐、宽松	Q102;Q103;Q104
学校资源	多媒体设备、图书馆中语文课外读本的数量,校刊、广播站、电视台的设置	Q147;Q148;Q149;Q150;Q151
学校校风	积极向上、尊师爱生、秩序井然	Q152;Q153;Q154
家庭资源	独立的书房与书桌、与语文有关的课外读本	Q140;Q142
家庭社会资本	父母期望、父母参加学校活动、了解子女的学习过程	Q143;Q144;Q145;Q146

二、学生问卷测试框架

表 5-3 为学生问卷的细目。

表 5-3　测试学生问卷细目

因素类别	一级因素	二级因素		卷号—题号
学生因素	非智力因素与元认知	自我效能		三卷 Q1 Q2 Q9 Q10
		学习动机水平		二卷 Q1 Q2
				二卷 Q3 Q4 Q5
				二卷 Q6 Q7 Q8
				二卷 Q9 Q10 Q11
				二卷 Q12 Q13 Q14
		情感态度		三卷 Q5 Q16 Q17 Q29
		元认知 计划 监控 调节		二卷 Q15 Q16
				二卷 Q17～Q20
				二卷 Q21～Q24
		意志力		三卷 Q12 Q30 Q31 Q34 Q35
	认知活动	学习理解	A-1 观察注意	四卷 Q1
			A-2 记忆	四卷 Q2
			A-3 信息提取	四卷 Q3
			A-4 分析概括	四卷 Q4
			A-5 领会理解	四卷 Q5
		实践应用	B-1 应用交际	四卷 Q6 Q7 Q8 Q9 Q10
			B-2 解释推断	四卷 Q11
			B-3 解决问题	四卷 Q12
			B-4 策略应用	四卷 Q13 Q14
		创新迁移	C-1 发散创造	四卷 Q15 Q16
			C-2 批判赏析	四卷 Q17
			C-3 内化完善	四卷 Q18
家庭因素	父母期望、父母参加学校活动、了解子女的学习过程			一卷 Q14～Q17

因素类别	一级因素	二级因素	卷号－题号
学校因素	学校资源 (多媒体设备、图书馆中语文课外读本的数量，校刊、广播站、电视台的设置)		一卷 Q18 Q21 Q24
	学校校风 (积极向上、尊师爱生、秩序井然)		一卷 Q26～Q28
	同伴支持		一卷 Q29 Q30
	师生关系		一卷 Q10～Q13
基本信息 性别、周课时数、课外学习、课外辅导、作业量、作业难度			一卷 Q1～Q9

三、教师问卷测试框架

考虑到学生体会到的教学活动任务设计(学习理解类任务设计、实践应用类任务设计、创新迁移类任务设计)可能与教师本身的实际设计情况存在出入，为此也针对教师样本进行了影响因素测查。同时也调查了教师的教龄、学历和性别等教师个人特质变量。还有周课时、作业时间、作业难易这些因素的情况。

语文学科对各级变量的拆解和说明见表5-4。

表5-4　语文学科教师问卷影响因素变量拆解与设计

因素类别	二级变量	三级变量
教师因素	教学方式	探究教学
		促进认识发展的教学
	教学活动 任务设计	学习理解类任务设计 包括：A-1 观察注意、A-2 记忆、A-3 信息提取、A-4 分析概括、A-5 领会理解
		实践应用类任务设计 包括：B-1 应用交际、B-2 解释推断、B-3 解决问题、B-4 策略应用
		创新迁移类任务设计 包括：C-1 发散创新、C-2 批判赏析、C-3 内化完善

因素类别	二级变量	三级变量
其他因素	周课时、作业时间、作业难易	
教师个人特质	性别 学历 教龄	

第四节 语文学科主要影响因素的表现现状

一、学生在各影响因素的表现(以 SZ 市为例)

(一)非智力因素及元认知表现

全体样本学生动机水平均值为 0.3954。动机是通过 Rasch 模型分析后得到的数值,其他均为五级量表取值。其中动机分为水平 1(消极):＜−0.495;水平 2(被动):−0.495～−0.2;水平 3(主动):−0.2～0.23;水平 4(积极):0.23～0.485;水平 5(创造性):＞0.485,从数据知道学生整体动机水平位于水平 4,即积极学习水平。

对 SZ 市的有效学生样本在情感态度、自我效能、元认知和意志力等因素的表现情况分析见图 5-2、图 5-3(动机不属于五级量表值,故不在图中呈现)。其中元认知又包括元认知计划、元认知监控和元认知调节三个维度。

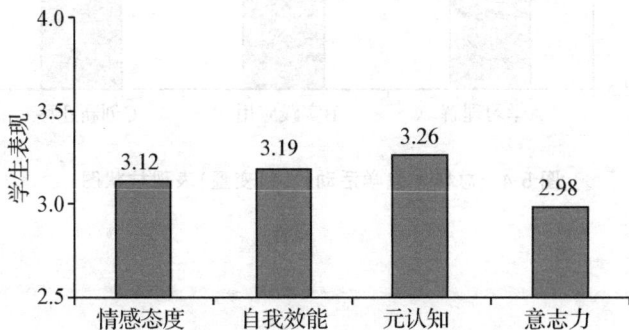

图 5-2 总样本非智力因素及元认知表现柱状图

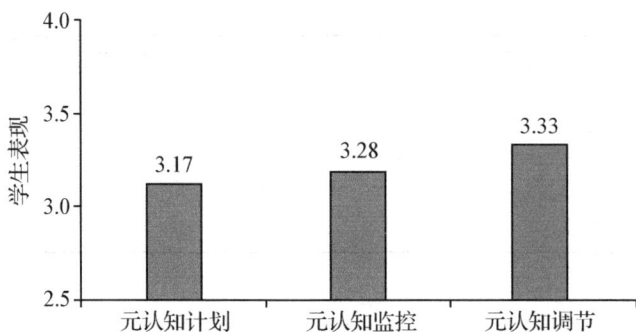

图 5-3　总样本元认知(三级变量)表现柱状图

从数值可以看到，学生的元认知约为 3.3，在这四个方面中最高，而情感态度和自我效能的平均水平均在 3.1～3.2，而意志力则较次，平均水平接近 3.0。其中，从元认知三个亚维度的学生表现来看，学生在元认知计划方面表现最差，元认知调节方面表现最好。

(二)教学活动因素表现

对 SZ 市的有效学生样本在学习理解活动、实践应用活动和创新迁移活动等因素的表现情况分析见图 5-4、图 5-5。

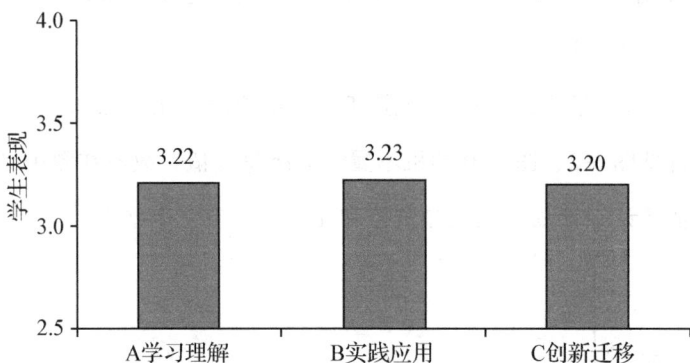

图 5-4　总样本教学活动(二级变量)表现柱状图

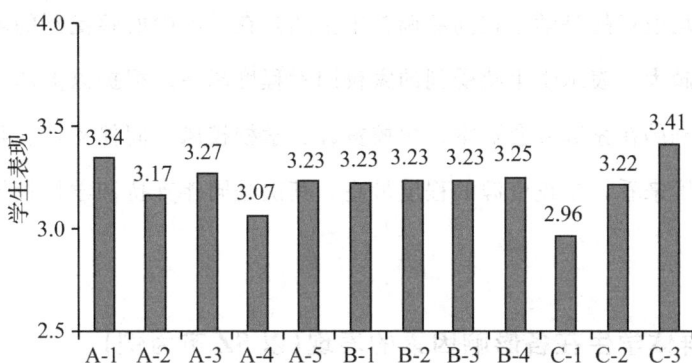

图 5-5　总样本教学活动(三级变量)表现柱状图①

　　这里的均值指的是学生在问卷调查中主述其在学习中所感受到的教师教学活动的情况，均值越大，表示学生感受到的该类教学活动频率越高。根据以上图表数据可以看出，学生感受到的创新迁移活动频率相比学习理解和实践应用两个教学活动表现略少，学生感受到的实践应用活动最多。而每类活动下的二级变量中也出现了差异，学习理解活动中学生体会到的分析概括活动最少；在创新迁移活动中发散创新活动最少。

(三)家校因素表现

　　对 SZ 市的有效学生样本在家庭社会资本、学校资源、学校校风、同伴支持、师生关系等因素的表现情况分析见图 5-6。

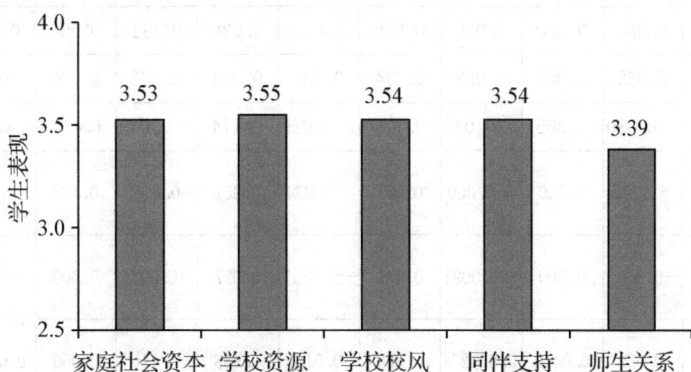

图 5-6　总样本家校因素和师生关系表现柱状图

――――――――――
　　①　注：A-1 观察注意、A-2 记忆、A-3 信息提取、A-4 分析概括、A-5 领会理解、B-1 应用交际、B-2 解释推断、B-3 解决问题、B-4 策略应用、C-1 发散创新、C-2 批判赏析、C-3 内化完善。

这里的均值指的是学生在问卷调查中主述其在学习中所感受到的家校因素的情况，均值越大，表示学生感受到的家校因素程度越高。根据以上图表数据，从学生所感受到的在家庭社会资本、学校资源、学校校风、同伴支持、师生关系等因素上的程度来看，学校资源的程度最高，其次是同伴支持和学校校风，师生关系较少。

二、不同群体学生在各影响因素的表现(以 SZ 市为例)

(一)非智力因素及元认知表现

对各个群体学生样本的五类非智力因素及元认知、意志力的表现情况进行差异性检验，结果见表 5-5。

表 5-5　不同群体学生非智力因素、元认知及意志力表现差异显著性检验

群组	动机水平		情感态度		自我效能感		元认知		意志力	
	均值差	显著性	均值差	显著性	均值差	显著性	均值差	显著性	均值差	显著性
男一女	−0.191	0.000	0.031	0.005	−0.030	0.005	−0.028	0.032	0.139	0.000
S 户籍—非 S 户籍	0.0205	0.170	0.017	0.125	0.034	0.002	0.008	0.537	−0.012	0.231
公办—民办	0.100	0.000	−0.024	0.114	−0.003	0.858	0.153	0.000	−0.028	0.052
城市—县镇	0.066	0.000	0.009	0.539	0.030	0.038	0.111	0.000	0.004	0.793
独生—非独生	0.065	0.000	0.028	0.014	0.032	0.004	0.072	0.000	−0.006	0.566
单亲—非单亲	−0.030	0.305	−0.033	0.124	−0.029	0.174	−0.043	0.093	−0.050	0.012
高中—12 年一贯制	−0.015	0.550	−0.060	0.001	−0.034	0.051	0.017	0.428	−0.059*	0.000
高中—完全中学	−0.065*	0.000	−0.0091	0.433	−0.025*	0.027	−0.093*	0.000	0.010	0.367
12 年一贯制—完全中学	−0.050*	0.0410	0.0512*	0.005	0.010	0.588	−0.110*	0.000	0.069*	0.000

* 表示在 0.05 水平上差异显著。

以上数据显示，性别上男女学生存在明显差异。男生动机处于水平 4（积

极）：0.23～0.485，女生动机在水平 5（创造）：＞0.485，即男生动机水平比女生动机水平较低。男生的自我效能、元认知也显著低于女生，但男生的情感态度和意志力显著高于女生。户籍上，SZ 户籍的学生在自我效能方面，显著高于非 SZ 户籍的学生表现。动机水平、情感态度、元认知和意志力方面 SZ 户籍和非 SZ 户籍的学生差异不显著。学校性质方面，公办学校的动机水平、元认知均显著高于民办学校，而自我效能、情感态度、意志力等方面，二者不存在显著差异。学校地域方面，城市学生在动机水平、自我效能和元认知方面均显著好于县镇学校学生表现，在情感态度、意志力上，二者不存在显著差异。学制类型方面，12 年一贯制学校在情感态度上显著高于高级中学，在意志力上显著低于高级中学，完全中学在动机水平、自我效能和元认知上显著高于高级中学，完全中学在动机水平、元认知上显著高于 12 年一贯制学校，而在意志力、情感态度上显著低于 12 年一贯制学校。独生子女与非独生子女方面，独生子女的动机水平、情感态度、自我效能和元认知方面显著高于非独生子女的表现，而意志力方面两者差异不大。单亲家庭和非单亲家庭方面，非单亲家庭子女在意志力上显著高于单亲家庭子女表现，在动机水平、情感态度、自我效能、元认知上，二者不存在显著差异。

（二）教学活动因素表现

对不同群体学生样本的三类教学活动表现情况进行差异性检验，结果见表 5-6。

表 5-6　不同群体学生学习理解、实践应用、创新迁移表现差异显著性检验

群组	A 学习理解		B 实践应用		C 创新迁移	
	均值差	显著性	均值差	显著性	均值差	显著性
男一女	−0.003	0.846	−0.052	0.000	−0.038	0.005
S 户籍—非 S 户籍	0.015	0.297	0.039	0.005	0.053	0.000
公办—民办	−0.011	0.554	0.039	0.028	0.069	0.000
城市—县镇	0.000	0.990	0.040	0.022	0.059	0.001

群组	A 学习理解		B 实践应用		C 创新迁移	
	均值差	显著性	均值差	显著性	均值差	显著性
独生—非独生	0.062	0.000	0.784	0.000	0.104	0.000
单亲—非单亲	0.008	0.790	0.006	0.831	0.027	0.346
高中—12 年一贯制	−0.089*	0.000	−0.061*	0.006	−0.045*	0.050
高中—完全中学	−0.002	0.913	−0.022	0.119	−0.023	0.116
12 年一贯制—完全中学	0.087*	0.000	0.039	0.084	0.022	0.338

＊表示在 0.05 水平上差异显著。

在实践应用、创新迁移教学活动上，男生、非 SZ 户籍学生、民办学校学生、县镇学生感受到的教师课堂教学活动频率显著低于各自所对应的群体，而在学习理解上，以上对应群体之间均不存在显著差异。学制类型方面，12 年一贯制学校学生在三类教学活动的感受频率上均显著高于高级中学，且在学习理解教学活动感受频率上显著高于完全中学，而高级中学和完全中学在三类教学活动的感受频率上不存在显著差异。独生子女情况上，独生子女学生表现比非独生子女的好，且差异均显著。单亲家庭与非单亲家庭学生在三类教学活动的感受频率上均不存在显著差异。

(三)家校因素表现

对不同群体学生样本的这几类学校因素情况进行差异性检验，结果见表 5-7。

表 5-7　家庭社会资本、学校资源、学校校风、同伴支持、师生关系显著性差异

群组	家庭社会资本		学校资源		学校校风		同伴支持		师生关系	
	均值差	显著性	均值差	显著性	均值差	显著性	均值差	显著性	均值差	显著性
男—女	−0.198	0.000	−0.262	0.000	−0.265	0.000	−0.247	0.000	−0.104	0.000
S 户籍—非 S 户籍	0.112	0.000	0.110	0.000	0.090	0.000	0.054	0.000	0.001	0.915
公办—民办	0.208	0.000	0.521	0.000	0.465	0.000	0.361	0.000	0.209	0.000
城市—县镇	0.088	0.000	0.234	0.000	0.261	0.000	0.208	0.000	0.111	0.000

群组	家庭社会资本		学校资源		学校校风		同伴支持		师生关系	
	均值差	显著性	均值差	显著性	均值差	显著性	均值差	显著性	均值差	显著性
独生—非独生	0.180	0.000	0.119	0.000	0.119	0.000	0.088	0.000	0.036	0.003
单亲—非单亲	−0.082	0.006	0.006	0.826	−0.026	0.373	−0.021	0.485	−0.040	0.080
高中—12年一贯制	0.056*	0.017	0.198*	0.000	0.122*	0.000	0.103*	0.000	0.100*	0.000
高中—完全中学	−0.061*	0.000	−0.090*	0.000	−0.131*	0.000	−0.109*	0.000	−0.058*	0.000
12年一贯制—完全中学	−0.117*	0.000	−0.288*	0.000	−0.254*	0.000	−0.212*	0.000	−0.159*	0.000

*表示在 0.05 水平上差异显著。

综上数据显示，学生感受到在家庭社会资本、学校资源、学校校风、同伴支持、师生关系的频率方面，均是女生显著好于男生，公办学校好于民办学校，城市地区的学校好于县镇地区学校，独生子女好于非独生子女。SZ 户籍学生在家庭社会资本、学校资源、学校校风、同伴支持上显著高于非 SZ 户籍学生，而在师生关系上二者不存在显著差异。单亲家庭学生在家庭社会资本方面显著低于非单亲家庭学生，但在其他几方面二者均不存在显著差异。在学制类型上，高级中学学生在家庭社会资本、学校资源、学校校风、同伴支持、师生关系等方面的感受频率均显著高于完全中学，完全中学在这些方面均显著高于 12 年一贯制学校。

三、不同区域学生在各影响因素的表现(以 SZ 市为例)

(一)非智力因素及元认知表现

对 SZ 市各个区有效学生样本的动机水平表现情况分析见图 5-7。

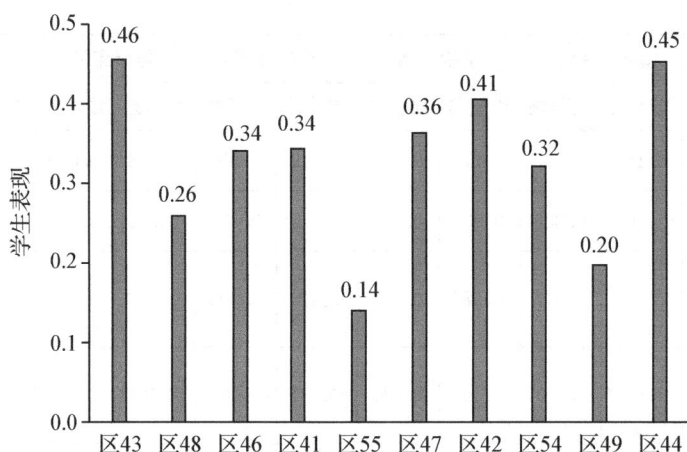

图 5-7　各区样本动机水平表现柱状图

对 SZ 市各个区的有效学生样本在动机水平、情感态度、自我效能感、元认知和意志力等因素的表现情况分析见表 5-8 和图 5-8。

表 5-8　各区样本非智力因素及元认知表现情况

区县名称	动机水平	情感态度	自我效能感	元认知	意志力
区 43	0.46	3.13	3.22	3.33	3.00
区 48	0.26	3.10	3.14	3.15	2.98
区 46	0.34	3.14	3.17	3.17	2.98
区 41	0.34	3.12	3.17	3.17	2.99
区 55	0.14	3.04	3.18	3.13	2.86
区 47	0.36	3.12	3.17	3.24	2.99
区 42	0.41	3.12	3.18	3.30	2.98
区 54	0.32	3.19	3.21	3.14	3.04
区 49	0.20	3.03	3.06	2.97	2.84
区 44	0.45	2.98	3.20	3.43	3.03
总平均	0.40	3.12	3.19	3.26	2.98

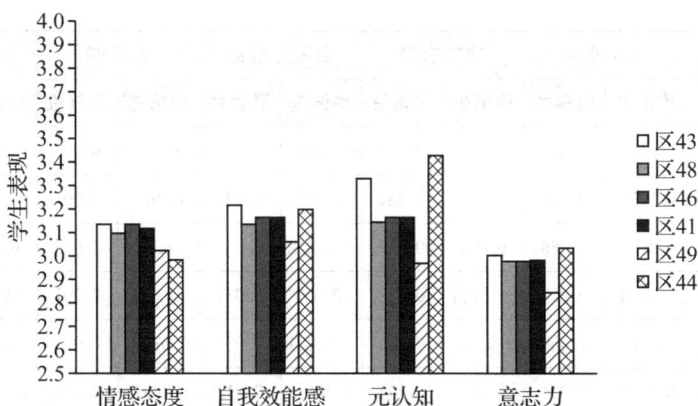

图 5-8 各区样本非智力因素及元认知表现柱状图①

进一步对各个区学生样本的五类非智力因素及元认知的表现情况进行差异性检验，结果见表 5-9。

表 5-9 各区样本非智力因素及元认知、意志力表现差异显著性检验

		动机水平		情感态度		自我效能感		元认知		意志力	
		均值差	显著性	均值差	显著性	均值差	显著性	均值差	显著性	均值差	显著性
区 44	区 47	0.148*	0.000	0.013	0.542	0.070*	0.001	0.157*	0.000	−0.005	0.802
	区 48	0.253*	0.000	0.026	0.152	0.097*	0.000	0.248*	0.000	0.005	0.777
	区 42	0.105*	0.002	0.015	0.545	0.058*	0.016	0.093*	0.001	−0.001	0.973
	区 43	0.055*	0.012	−0.004	0.811	0.020	0.204	0.066*	0.001	−0.020	0.196
	区 41	0.166*	0.000	0.010	0.575	0.069*	0.000	0.230*	0.000	−0.007	0.658
	区 49	0.314*	0.000	0.102	0.052	0.178*	0.000	0.426*	0.000	0.138*	0.004
	区 46	0.170*	0.000	−0.005	0.851	0.069*	0.010	0.222*	0.000	0.003	0.901
	区 54	0.191*	0.000	−0.057	0.067	0.028	0.360	0.252*	0.000	−0.060*	0.037
	区 55	0.198*	0.000	0.042	0.285	0.087*	0.022	0.176*	0.000	0.039	0.273

① 图中所呈现的区域是在所有区域两两差异检验后，挑选的与其他至少 6 个区域有显著差异的区域。包括：区 43、区 48、区 46、区 41、区 49、区 44。

续表

		动机水平		情感态度		自我效能感		元认知		意志力	
		均值差	显著性	均值差	显著性	均值差	显著性	均值差	显著性	均值差	显著性
区47	区48	−0.148*	0.000	−0.013	0.542	−0.070*	0.001	−0.157*	0.000	0.005	0.802
	区42	0.105*	0.001	0.013	0.584	0.027	0.235	0.091*	0.001	0.010	0.650
	区43	−0.043	0.266	0.001	0.959	−0.012	0.664	−0.064	0.058	0.004	0.870
	区41	−0.093*	0.002	−0.017	0.433	−0.050*	0.021	−0.091*	0.001	−0.014	0.479
	区49	0.018	0.559	−0.003	0.883	−0.001	0.964	0.073*	0.008	−0.002	0.918
	区46	0.166*	0.024	0.089	0.104	0.108*	0.042	0.269*	0.000	0.143*	0.004
	区54	0.022	0.597	−0.019	0.554	−0.001	0.980	0.065	0.081	0.008	0.776
	区55	0.043	0.38	−0.7	0.041	−0.042	0.204	0.094*	0.020	−0.055	0.085
区48	区42	−0.253*	0.000	0.028	0.498	0.017	0.678	0.019	0.697	0.044	0.248
	区43	−0.105*	0.001	−0.026	0.152	−0.097*	0.000	−0.248*	0.000	−0.005	0.777
	区41	−0.149*	0.000	−0.013	0.584	−0.027	0.235	−0.091*	0.001	−0.010	0.650
	区49	−0.198*	0.000	−0.012	0.660	−0.039	0.120	−0.155*	0.000	−0.006	0.817
	区46	−0.087*	0.001	−0.030	0.102	−0.077*	0.000	−0.182*	0.000	−0.024	0.155
	区54	0.060	0.399	−0.016	0.409	−0.028	0.142	−0.018	0.451	−0.012	0.509
	区55	−0.083*	0.034	0.076	0.155	0.081	0.120	0.179*	0.005	0.134*	0.007
区42	区43	−0.105*	0.002	−0.032	0.277	−0.028	0.319	−0.026	0.447	−0.002	0.951
	区41	0.043	0.266	−0.083*	0.010	−0.070*	0.026	0.004	0.925	−0.064*	0.030
	区49	0.149*	0.000	0.015	0.702	−0.011	0.787	−0.072	0.129	0.035	0.348
	区46	−0.050	0.136	−0.015	0.545	−0.058*	0.016	−0.093*	0.001	0.001	0.973
	区54	0.061	0.076	−0.001	0.959	0.012	0.664	0.064	0.058	−0.004	0.870
	区55	0.209*	0.005	0.012	0.660	0.039	0.120	0.155*	0.000	0.006	0.817
区43	区41	0.066	0.144	−0.019	0.447	−0.038	0.117	−0.027	0.363	−0.019	0.410
	区49	0.086	0.078	−0.005	0.849	0.011	0.656	0.138*	0.000	−0.007	0.783
	区46	0.093	0.111	0.087	0.118	0.120*	0.027	0.334*	0.000	0.139*	0.007
	区54	−0.055*	0.012	−0.020	0.547	0.011	0.725	0.129*	0.001	0.004	0.898
	区55	0.093*	0.002	−0.072*	0.047	−0.030	0.388	0.159*	0.000	−0.059	0.077

		动机水平		情感态度		自我效能感		元认知		意志力	
		均值差	显著性	均值差	显著性	均值差	显著性	均值差	显著性	均值差	显著性
区 41	区 49	0.198*	0.000	0.027	0.535	0.029	0.489	0.084	0.101	0.040	0.313
	区 46	0.050	0.136	0.004	0.811	0.020	0.204	0.066*	0.001	0.020	0.196
	区 54	0.111*	0.000	0.017	0.433	0.050*	0.021	0.091*	0.001	0.014	0.479
	区 55	0.259*	0.000	0.030	0.102	0.077*	0.000	0.182*	0.000	0.024	0.155
区 49	区 46	0.115*	0.002	0.019	0.447	0.038	0.117	0.027	0.363	0.019	0.410
	区 54	0.135*	0.001	0.014	0.438	0.049*	0.005	0.164*	0.000	0.012	0.460
	区 55	0.142*	0.007	0.106*	0.044	0.158*	0.002	0.360*	0.000	0.158*	0.001
区 46	区 54	−0.16*	0.000	−0.001	0.963	0.049	0.070	0.156*	0.000	0.023	0.376
	区 55	−0.018	0.559	−0.053	0.089	0.007	0.808	0.185*	0.000	−0.040	0.162
区 54	区 55	0.088*	0.001	0.046	0.243	0.067	0.079	0.110*	0.017	0.059	0.102

*表示在 0.05 水平上差异显著。

根据以上图表数据可以看出，区 44 和区 43 的学生动机水平表现最好，且区 44 和区 41、区 49、区 46、区 43 的差异显著，区 43 和区 49、区 41 和区 46 不存在显著差异。情感态度方面，各区之间不存在显著差异。自我效能感方面，区 44 学生表现显著高于区 41、区 46、区 49，区 43 学生表现显著高于区 46。元认知方面，区 43 和区 44 学生表现显著比其他区域表现好，而区 49 表现比其他区域表现较差。意志力方面，区 44 学生表现显著高于区 49，但与其他区学生表现不存在显著差异，区 43 学生表现显著高于区 46。

(二)教学活动因素表现

对 SZ 市各个区的有效学生样本在学习理解活动、实践应用活动和创新迁移活动等因素的表现情况分析见表 5-10 和图 5-9。

表 5-10　各区样本教学活动表现情况

区县名称	A 学习理解	B 实践应用	C 创新迁移
区 43	3.18	3.23	3.19
区 48	3.08	3.09	3.05
区 46	3.24	3.24	3.19
区 41	3.22	3.20	3.16
区 55	3.08	3.09	2.95
区 47	3.29	3.29	3.24
区 42	3.27	3.29	3.27
区 54	3.30	3.26	3.25
区 49	2.99	3.01	2.97
区 44	3.38	3.45	3.49
总平均	3.22	3.23	3.20

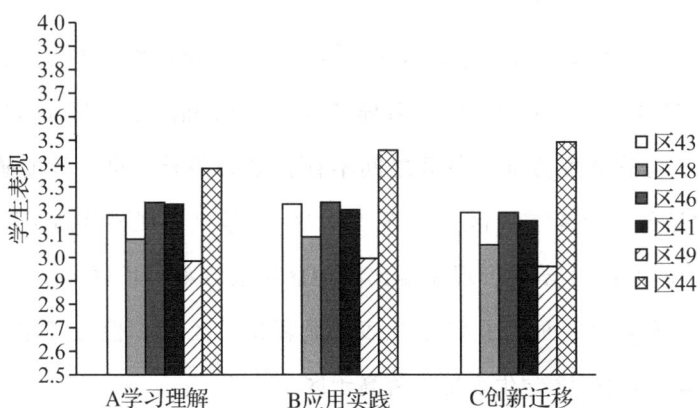

图 5-9　各区样本教学活动表现柱状图①

进一步对各个区学生样本的三类教学活动表现情况进行差异性检验，结果见表 5-11。

---

①　图中所呈现的区域是在所有区域两两差异检验后，挑选的与其他至少 6 个区域有显著差异的区域。包括：区 43、区 48、区 46、区 41、区 49、区 44。

表 5-11 各区样本教学活动表现差异显著性检验

		A 学习理解		B 实践应用		C 创新迁移	
		均值差	显著性	均值差	显著性	均值差	显著性
区 44	区 47	−0.006	0.847	0.027	0.316	0.078*	0.005
	区 48	0.202*	0.000	0.221*	0.000	0.261*	0.000
	区 42	0.020	0.535	0.027	0.372	0.043	0.163
	区 43	0.106*	0.000	0.086*	0.000	0.123*	0.000
	区 41	0.062*	0.008	0.114*	0.000	0.158*	0.000
	区 49	0.294*	0.000	0.307*	0.000	0.346*	0.000
	区 46	0.050	0.165	0.076*	0.026	0.124*	0.000
	区 54	−0.019	0.647	0.059	0.123	0.065	0.094
	区 55	0.130*	0.011	0.135*	0.005	0.193*	0.000
区 47	区 48	0.208*	0.000	0.193*	0.000	0.183*	0.000
	区 42	0.026	0.497	−0.001	0.998	−0.035	0.336
	区 43	0.111*	0.000	0.058*	0.033	0.044	0.111
	区 41	0.068*	0.026	0.087*	0.003	0.080*	0.006
	区 49	0.300*	0.000	0.280*	0.000	0.268*	0.000
	区 46	0.056	0.174	0.049	0.208	0.046	0.244
	区 54	−0.013	0.772	0.032	0.455	−0.013	0.768
	区 55	0.135*	0.013	0.108*	0.036	0.114*	0.030
区 48	区 42	−0.182*	0.000	−0.193*	0.000	−0.218*	0.000
	区 43	−0.097*	0.000	−0.135*	0.000	−0.138*	0.000
	区 41	−0.140*	0.000	−0.107*	0.000	−0.103*	0.000
	区 49	0.092	0.188	0.087	0.186	0.085	0.203
	区 46	−0.152*	0.000	−0.144*	0.000	−0.137*	0.000
	区 54	−0.221*	0.000	−0.162*	0.000	−0.196*	0.000
	区 55	−0.073	0.165	−0.085	0.084	−0.069	0.173

续表

		A 学习理解		B 实践应用		C 创新迁移	
		均值差	显著性	均值差	显著性	均值差	显著性
区 42	区 43	0.086*	0.008	0.058	0.056	0.079*	0.011
	区 41	0.042	0.211	0.087*	0.006	0.115*	0.000
	区 49	0.274*	0.000	0.281*	0.000	0.303*	0.000
	区 46	0.030	0.486	0.049	0.234	0.081	0.054
	区 54	−0.039	0.414	0.032	0.476	0.022	0.627
	区 55	0.110	0.052	0.108*	0.042	0.149*	0.006
区 43	区 41	−0.044	0.064	0.028	0.202	0.035	0.120
	区 49	0.188*	0.006	0.222*	0.001	0.224*	0.001
	区 46	−0.055	0.130	−0.009	0.786	0.002	0.961
	区 54	−0.124*	0.002	−0.027	0.490	−0.057	0.144
	区 55	0.024	0.638	0.050	0.300	0.070	0.155
区 41	区 49	0.232*	0.001	0.194*	0.003	0.189*	0.005
	区 46	−0.012	0.756	−0.038	0.288	−0.033	0.355
	区 54	−0.080	0.053	−0.055	0.164	−0.092*	0.021
	区 55	0.068	0.193	0.022	0.658	0.035	0.487
区 49	区 46	−0.244*	0.001	−0.231*	0.001	−0.222*	0.002
	区 54	−0.313*	0.000	−0.249*	0.001	−0.281*	0.000
	区 55	−0.164*	0.048	−0.172*	0.028	−0.154	0.054
区 46	区 54	−0.069	0.169	−0.017	0.716	−0.059	0.222
	区 55	0.079	0.178	0.059	0.286	0.068	0.229
区 54	区 55	0.148*	0.016	0.076	0.188	0.127*	0.032

*表示在 0.05 水平上差异显著。

数据显示，从学生自己体会到的学习理解活动、实践应用活动和创新迁移活动三个方面的频率来看，均是区 44 学生感受到的三类认知活动的频率较多于其他区域，且区 44 相对区 41、区 43、区 49 的差异显著。同时，区 49 学生感受到的这三类教学活动的频率都较少，且与其他区域的差异均显著。

(三)家校因素表现

对 SZ 市各区的有效学生样本在家庭社会资本、学校资源、学校校风、同伴支持、师生关系等其他因素的表现情况分析见表 5-12 和图 5-10。

表 5-12　各区总样本家校因素表现情况

区县名称	家庭社会资本	学校资源	学校校风	同伴支持	师生关系
区 43	3.61	3.68	3.66	3.642	3.45
区 48	3.38	3.34	3.32	3.36	3.34
区 46	3.42	3.23	3.20	3.32	3.28
区 41	3.46	3.37	3.33	3.37	3.32
区 55	3.23	3.15	3.15	3.20	3.09
区 47	3.39	3.26	3.34	3.38	3.31
区 42	3.56	3.58	3.70	3.65	3.41
区 54	3.38	3.28	3.27	3.30	3.23
区 49	3.23	3.04	3.05	3.08	3.13
区 44	3.82	4.15	3.78	3.84	3.56
总平均	3.53	3.55	3.54	3.55	3.40

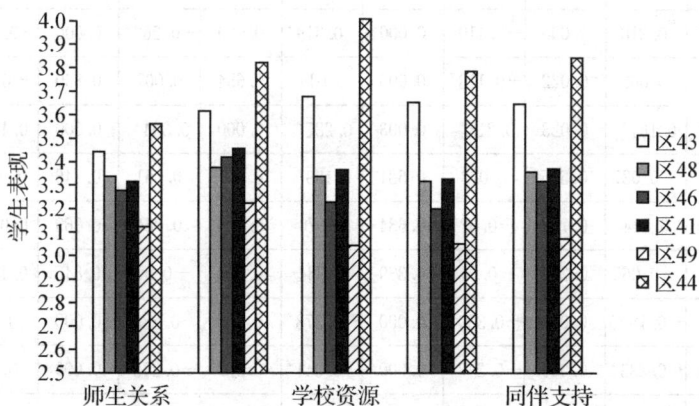

图 5-10　各区总样本家校因素表现柱状图①

①　图中所呈现的区域是在所有区域两两差异检验后，挑选的与其他至少 6 个区域有显著差异的区域。包括：区 43、区 48、区 46、区 41、区 49、区 44。

进一步对各个区学生样本家校因素的表现情况进行差异性检验，结果见表5-13。

表 5-13　各区总样本家校因素表现差异显著性检验

		家庭社会资本		学校资源		学校校风		同伴支持		师生关系	
		均值差	显著性	均值差	显著性	均值差	显著性	均值差	显著性	均值差	显著性
区 44	区 47	0.332*	0.000	0.711*	0.000	0.561*	0.000	0.467*	0.000	0.230*	0.000
	区 48	0.347*	0.000	0.631*	0.000	0.583*	0.000	0.482*	0.000	0.201*	0.000
	区 42	0.168*	0.000	0.387*	0.000	0.205*	0.000	0.194*	0.000	0.134*	0.000
	区 43	0.114*	0.000	0.292*	0.000	0.242*	0.000	0.204*	0.000	0.094*	0.000
	区 41	0.263*	0.000	0.598*	0.000	0.575*	0.000	0.473*	0.000	0.222*	0.000
	区 49	0.493*	0.000	0.924*	0.000	0.848*	0.000	0.770*	0.000	0.414*	0.000
	区 46	0.305*	0.000	0.733*	0.000	0.700*	0.000	0.528*	0.000	0.262*	0.000
	区 54	0.346*	0.000	0.689*	0.000	0.631*	0.000	0.551*	0.000	0.312*	0.000
	区 55	0.267*	0.000	0.664*	0.000	0.595*	0.000	0.456*	0.000	0.358*	0.000
区 47	区 48	0.015	0.621	−0.080*	0.010	0.0219	0.488	0.015	0.628	−0.029	0.251
	区 42	−0.164*	0.000	−0.324*	0.000	−0.356*	0.000	−0.273*	0.000	−0.096*	0.001
	区 43	−0.218*	0.000	−0.419*	0.000	−0.319*	0.000	−0.262*	0.000	−0.136*	0.000
	区 41	−0.069*	0.022	−0.113*	0.000	0.014	0.654	0.007	0.830	−0.008	0.743
	区 49	0.161*	0.023	0.213*	0.003	0.287*	0.000	0.304*	0.000	0.184*	0.001
	区 46	−0.027	0.515	0.023	0.581	0.139*	0.001	0.061	0.146	0.032	0.326
	区 54	0.014	0.762	−0.021	0.634	0.070	0.128	0.084	0.069	0.082*	0.023
	区 55	−0.065	0.233	−0.047	0.389	0.034	0.544	−0.011	0.846	0.128*	0.004
区 48	区 42	−0.180*	0.000	−0.330*	0.000	−0.378*	0.000	−0.288*	0.000	−0.068*	0.014
	区 43	−0.233*	0.000	−0.243*	0.000	−0.341*	0.000	−0.278*	0.000	−0.107*	0.000
	区 41	−0.084*	0.001	−0.340*	0.000	−0.008	0.763	−0.009	0.744	0.021	0.325
	区 49	0.146*	0.034	−0.033	0.198	0.265*	0.000	0.288*	0.000	0.213*	0.000
	区 46	−0.042	0.268	0.293*	0.000	0.117*	0.002	0.046	0.237	0.061*	0.046
	区 54	−0.002	0.968	0.102*	0.007	0.048	0.265	0.069	0.112	0.111*	0.001
	区 55	−0.080	0.124	0.058	0.170	0.012	0.823	−0.026	0.624	0.157*	0.000

		家庭社会资本		学校资源		学校校风		同伴支持		师生关系	
		均值差	显著性	均值差	显著性	均值差	显著性	均值差	显著性	均值差	显著性
区49	区43	−0.054	0.093	−0.095*	0.003	0.037	0.262	0.011	0.750	−0.040	0.126
	区41	0.095*	0.004	0.211*	0.000	0.370*	0.000	0.280*	0.000	0.088*	0.001
	区49	0.326*	0.000	0.537*	0.000	0.643*	0.000	0.577*	0.000	0.280*	0.000
	区46	0.138*	0.001	0.347*	0.000	0.495*	0.000	0.334*	0.000	0.129*	0.000
	区54	0.178*	0.000	0.302*	0.000	0.426*	0.000	0.357*	0.000	0.178*	0.000
	区55	0.100	0.075	0.277*	0.000	0.390*	0.000	0.262*	0.000	0.224*	0.000
区43	区41	0.149*	0.000	0.306*	0.000	0.333*	0.000	0.269*	0.000	0.128*	0.000
	区49	0.380*	0.000	0.632*	0.000	0.606*	0.000	0.566*	0.000	0.320*	0.000
	区46	0.192*	0.000	0.442*	0.000	0.458*	0.000	0.324*	0.000	0.169*	0.000
	区54	0.232*	0.000	0.398*	0.000	0.389*	0.000	0.346*	0.000	0.218*	0.000
	区55	0.154*	0.002	0.372*	0.000	0.353*	0.000	0.252*	0.000	0.264*	0.000
区41	区49	0.230*	0.001	0.479*	0.000	0.273*	0.000	0.297*	0.000	0.192*	0.001
	区46	0.0426	0.252	0.207*	0.000	0.125*	0.001	0.055	0.155	0.041	0.180
	区54	0.083*	0.046	−0.029	0.029	0.056	0.189	0.077	0.071	0.090*	0.007
	区55	0.005	0.930	0.109*	0.206	0.020	0.707	−0.018	0.742	0.136*	0.001
区49	区46	−0.188*	0.011	−0.190*	0.011	−0.148	0.053	−0.242*	0.002	−0.151*	0.012
	区54	−0.148	0.053	−0.235*	0.002	−0.217*	0.006	−0.220*	0.005	−0.102	0.100
	区55	−0.226*	0.006	−0.260*	0.002	−0.253*	0.003	−0.314*	0.000	−0.056	0.401
区46	区54	0.040	0.420	−0.044	0.379	−0.069	0.175	0.023	0.659	0.050	0.218
	区55	−0.038	0.514	−0.070	0.237	−0.105	0.079	−0.072	0.231	0.095*	0.044
区54	区55	−0.078	0.061	−0.026	0.678	−0.036	0.567	−0.095	0.133	0.046	0.356

*表示在 0.05 水平上差异显著。

以上数据显示，区44 的学生在家庭、学校因素上均表现最好，其次是区43。相比之下，区49 比其他区表现差。

四、教师影响因素表现(以 SZ 市为例)

本次测试同时对被试学生的各个学科的教师进行了问卷调查,主要在教学方式和教学活动任务设计两个方面。有效样本量 150。介于不同群体和区县的样本量数量较少,不具有统计分析意义,为此教师样本的影响因素只分析全样本的表现情况,而不作群体或者区县的对比分析。

(一)教师教学方式因素表现

对 SZ 市的有效教师样本在认识发展教学方式和探究教学方式等因素的表现情况分析见图 5-11。

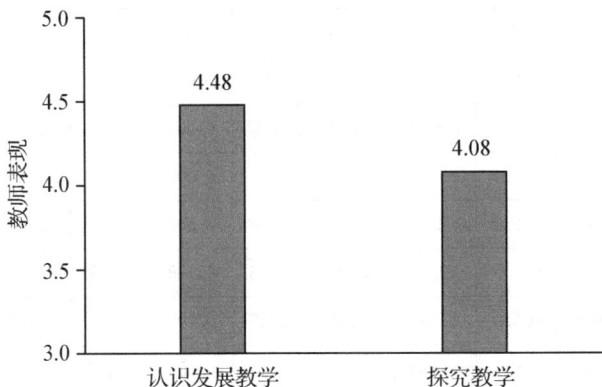

图 5-11　总样本教师教学方式表现柱状图

根据以上图表数据可以看出,教师认为自己课上设计的教学方式(探究教学、认识发展教学)的频率,认识发展教学较多,探究教学较少。

(二)教师教学活动因素表现

对 SZ 市的有效教师样本在学习理解任务、实践应用任务和创新迁移任务等因素的表现情况分析见图 5-12。

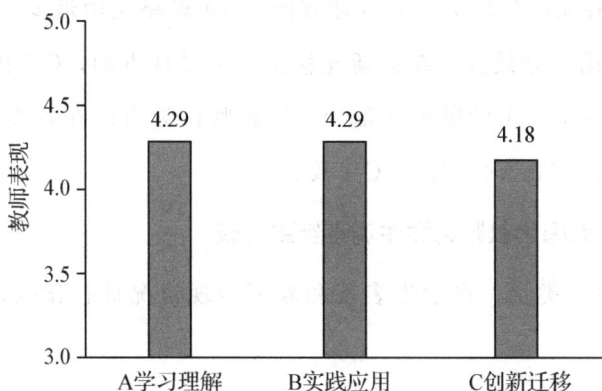

图 5-12 总样本教学活动(二级变量)表现柱状图

根据图 5-12 数据可以看出,教师认为自己课堂采用的教学活动任务类型(学习理解任务、实践应用任务和创新迁移任务)的频率,主要在于实践应用任务、学习理解任务,创新迁移任务最少。

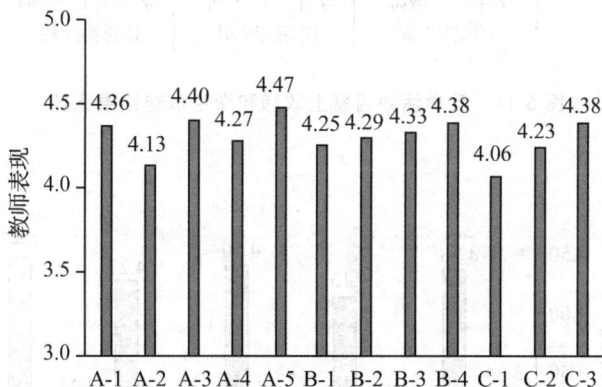

图 5-13 总样本教学活动(三级变量)表现柱状图①

根据图 5-13 数据可以看出,教师所设计的各类型任务活动按照三级变量分析,在学习理解类任务设计方面,A-5 领会理解最多,其次为 A-3 信息提取,

① 注:A-1 观察注意、A-2 记忆、A-3 信息提取、A-4 分析概括、A-5 领会理解、B-1 应用交际、B-2 解释推断、B-3 解决问题、B-4 策略应用、C-1 发散创新、C-2 批判赏析、C-3 内化完善。

A-2记忆最少；在实践应用类任务设计方面，B-4策略应用最多，其次为B-3解决问题，B-1应用交际最少；在创新迁移类任务设计方面，C-3内化完善最多，C-2批判赏析次之，C-1发散创新最少。即教师认为自己在各类型活动中均是A-5、B-4、C-3最多，A-2、B-1、C-1较少。

(三)教学活动因素教师和学生调查结果比较

教学活动的三类上，将学生表现和教师表现情况进行比较，见图5-14至图5-17。

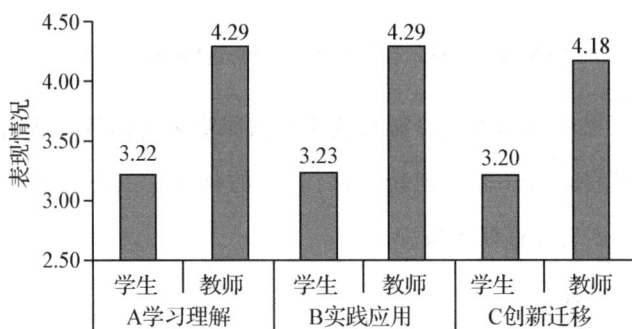

图 5-14　教学活动因素上教师和学生调查结果比较

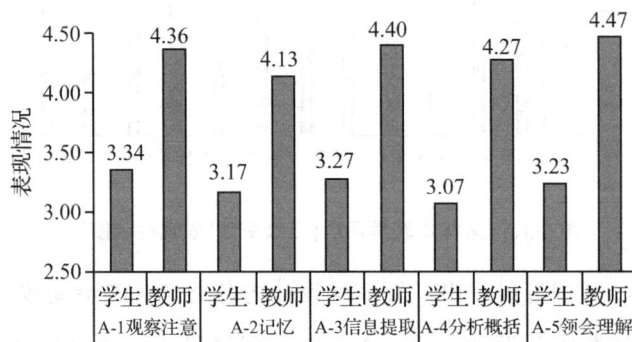

图 5-15　教学活动—学习理解活动因素上教师和学生调查结果比较

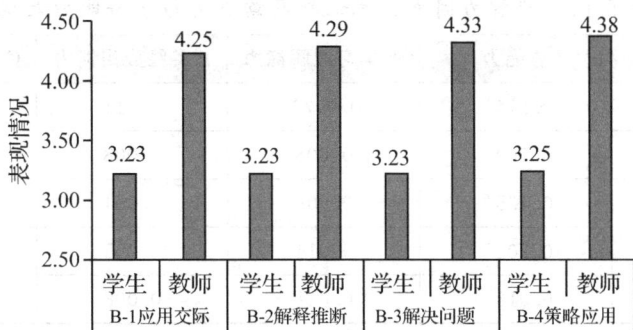

图 5-16 教学活动—实践应用活动因素上教师和学生调查结果比较

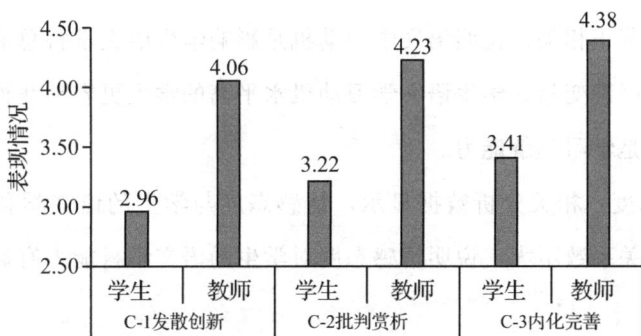

图 5-17 教学活动—创新迁移活动因素上教师和学生调查结果比较

可以看到，教师认为自己所设计的教学活动，即学习理解活动、实践应用活动和创新迁移活动的频次均比学生所体会到的这三类教学活动高。而且各类活动的三级类别上，均是教师自评的频次高于学生体会到的频次。

五、专题研究：语文学业质量与影响因素关联研究(以 SZ 市为例)

(一)学生非智力因素及元认知与学科能力表现的关联分析

对学生的语文学习动机水平、情感态度、自我效能感等非智力因素及元认知与其语文学科能力表现进行相关分析，结果见表 5-14。

表 5-14　非智力因素、元认知及意志力与学科能力表现

	总能力	A 学习理解能力	B 实践应用能力	C 创新迁移能力
动机水平	0.214*	0.017*	0.011	0.010
情感态度	0.069*	0.008	0.008	0.008
自我效能感	0.135*	0.009	0.004	0.003
元认知	0.202*	0.014	0.005	0.004
意志力	0.016*	0.011	0.008	0.008

*表示在 0.05 水平上差异显著。

1. 动机水平：相关分析数据显示，动机水平与学生的语文学科总能力及学习理解能力显著正相关。说明语文学习动机是影响学生语文学科总能力和学习理解能力的重要因素变量，学生语文学习动机水平高的学生更容易获得较高的学科总能力，尤其是学习理解能力。

2. 情感态度：相关分析数据显示，情感态度与学生的语文学科总能力显著正相关，但相关系数不大。说明情感态度对学生的语文学科能力有影响，但直接影响力有限。

3. 自我效能感：相关分析数据显示，学生的自我效能感与学生的总能力显著正相关。说明自我效能感是影响学生语文学科能力的重要因素变量，学生对语文学习的自我效能感越高，越容易获得较高的学科能力。

4. 元认知：相关分析数据显示，学生的元认知水平与学生的总能力显著正相关。说明学生在语文学习中的元认知水平越高，其越可能获得较高的语文学科能力。

5. 意志力：相关分析数据显示，学生的意志力水平与学生的总能力显著正相关，但相关系数不大。说明意志力对学生的语文学科能力有影响，但直接影响力有限。

进一步对影响学生学科能力的四个非智力因素及元认知进行回归分析，结果表明：学生的非智力因素及元认知五个变量中，对学生学科能力影响最大的是元认知（$\beta = 0.123$），其次是自我效能（$\beta = 0.121$），再次是动机水平（$\beta = 0.114$），

相比这三个因素，意志力($\beta=-0.110$)和情感态度($\beta=-0.044$)对学生语文学科能力影响极为有限。

(二)学生教学活动与学科能力表现的关联分析

对学生的教学活动与其语文学科能力表现进行相关分析，分析包括学习理解活动、实践应用活动和创新迁移活动三个教学活动的一级维度。相关分析结果见表 5-15。

表 5-15 学生各项教学活动与语文学科能力表现的相关关系

	总能力	A 学习理解能力	B 实践应用能力	C 创新迁移能力
学习理解活动	0.117	-0.001	-0.001	-0.001
实践应用活动	0.157	0.000	0.001	0.001
创新迁移活动	0.150	0.005	0.004	0.004

注：本表全部数据在 0.01 水平上显著相关。

根据上表数据可以看出，学生认知活动的 3 个一级维度变量和 12 个二级维度变量与语文学科总能力是显著相关的，实践应用活动与学生的语文学科总能力的相关系数最大，在一定程度上可以说明，相对其他两类认知活动，其对学生语文学科能力的影响更大。

进一步对学生语文学习中的三类教学活动：学习理解活动、实践应用活动和创新迁移活动对语文学科能力的影响进行线性回归分析，结果表明：三类活动中，实践应用活动的频率对学生语文学科能力的影响最大($\beta=0.196$)，其次是创新迁移活动($\beta=0.054$)，相比之下，学习理解活动的影响则极为有限($\beta=-0.096$)。

(三)其他教师因素与学生学科能力表现的关联分析

研究中还考查了周课时、家庭因素(家庭社会资本)、学校资源、学校校风、同伴支持、师生关系等因素变量对学生语文学科能力及各项分能力的影响(见表 5-16)。

表 5-16　其他教师因素与学科能力表现

	总能力	A 学习理解能力	B 实践应用能力	C 创新迁移能力
周课时	−0.012	−0.024*	−0.022*	−0.022*
家庭因素	0.214*	0.017*	0.008	0.007
学校资源	0.299*	0.042*	0.030*	0.028*
学校校风	0.310*	0.045*	0.033*	0.031*
同伴支持	0.285*	0.032*	0.023*	0.021*
师生关系	0.234*	0.032*	0.034*	0.034*

* 表示在 0.05 水平上差异显著。

进一步对周课时数进行分析，见图 5-18、图 5-19 和表 5-17。

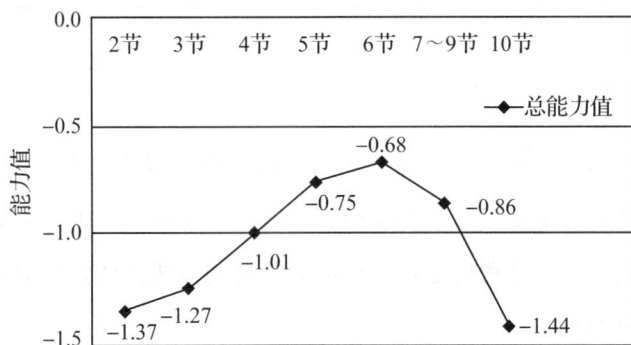

图 5-18　课时数与语文学科总能力的关系

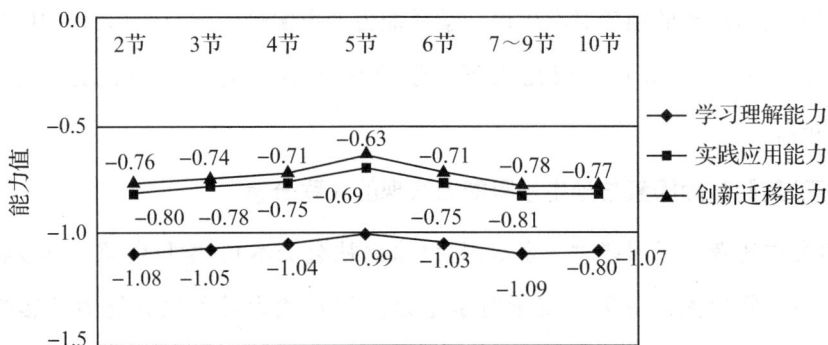

图 5-19　课时数与语文学科 ABC 能力的关系

表 5-17　周课时与不同水平学生能力值关系

周课时	2 节	3 节	4 节	5 节	6 节	7～9 节	10 节
能力值水平 E	−2.80	−2.78	−2.87	−2.76	−2.79	−2.72	−2.95
能力值水平 D	−1.65	−1.64	−1.60	−1.60	−1.59	−1.61	−1.61
能力值水平 C	−0.95	−0.92	−0.91	−0.91	−0.91	−0.90	−0.94
能力值水平 B	−0.31	−0.29	−0.29	−0.27	−0.26	−0.30	−0.33
能力值水平 A	0.29	0.36	0.42	0.43	0.42	0.39	0.39

　　图中数据表明，对整体样本学生而言，高一年级每周语文课时数为 6 时，其对应的学生样本的语文学科总能力最高，继续往上增加课时的时候，能力值开始降低。高一年级每周语文课时数为 5 时，其对应的学生样本的语文学科 ABC 能力最高，继续往上增加课时的时候，能力值开始降低。但是当按照不同水平去测试学生情况时，发现水平 E 的学生(即低水平)和水平 C 的学生周课时为 7～9 节时，学生能力值最高。水平 D 和水平 B 的学生最佳课时数为 6 节，水平 A 的学生最佳课时数为 5 节。

第六章

促进语文学科能力
发展的教学改进研究

第一节 促进语文学科能力发展的教学设计系统

中学生语文核心能力构成及表现的理论研究基于国内语文课程标准和考试说明、国外典型国家课程标准、PISA、TIMSS、NAEP等学业成就测试的综合研究，确定语文学科的主题内容和核心活动，系统提出基于"学习理解—实践应用—创新迁移"的一级、二级能力要素，构建基于语文学科主题内容和核心活动的语文学科能力表现指标体系，初步构建语文学科关键学科能力发展的初中和高中跨年级发展进阶。

中学生语文核心能力表现实证测评研究、发展进阶研究及语文核心能力影响因素研究基于语文学科能力表现指标体系，开发了基于内容主题和核心活动的语文学科能力表现测评工具，经过两轮测试和Rasch模型检验进行修订完善。之后再在C、F、H三个区域对七、八、九、十、十一、十二年级学生进行语文学科能力表现测评；基于学生测评的数据，对内容主题、核心活动划分能力表现的水平层级，实证检验学生的跨年级发展进阶；开发语文学科能力影响因素调查问卷，与语文学科能力表现测试同时实施测查，将学科能力表现数据与调查问卷进行关联分析。

促进学生语文核心能力发展的学校和课堂改进案例的实验研究在语文能力发展测评与教学质量诊断研究的基础上，构建基于学生语文能力发展的课堂教学分析工具，取样分析学校课堂教学单元案例，诊断课堂教学质量，进而实施课堂教学改进研究。

课堂改进是在20世纪80年代受企业流程再造理论的启发而产生，企业流程再造即为了让企业获得更大的经济效益，对企业的各组成部分进行优化组合，对企业的各工作流程进行精细打磨、去粗取精、存优汰劣。同样地，课堂改进应从师生主体、教学环节等方面着手。

首先，师生是课堂的主体，是促使课堂改进顺利进行的重要力量。对于老师，教学改进的主要任务就是丰富、夯实其学科教学知识（Pedagogical Content Knowledge，简称 PCK），而 PCK 通常认为由学科内容知识、学科教法知识、课程与教材知识组成。提升教师的 PCK 知识水平，促进教师专业发展可通过如下途径：（1）中小学校与附近高校合作，请相关专家对教师进行专题培训；（2）教师回顾自己的教学设计和教学录像，并进行教学反思；（3）教师树立终身学习的观念，随时补充理论营养；（4）教师与其他教师、高校研究者进行主题研究或行动研究。当前，对教师进行专业培训已受到教育部门和众多学校的重视，并得以较好开展，但从学生的角度进行教学改进的研究和探索则相对有限。课堂是师生之间平等交流的场域，学生是衡量教学效果的重要参照，优秀高质的课堂需要学生的积极配合与互动。提升学生计划、监控、调节等元认知水平，给学生提供必要的学习策略，并帮助其养成良好的学习习惯，形成个性的学习方式是课堂改进在学生层面需要考虑的问题。

其次，从教学环节来看，郑国民、林秀艳、吴欣歆等老师在北京市石景山区"语文课堂教学的流程再造"课题的相关研究则为课堂改进提供了一个较为成熟的样例。该课题依托于部属师范高校、区域教育委员会和中小学校，形成了 UDS 合作模式（UDS 是 University，District 和 School 三者的简称），从教学目标与内容的确定、教学环节和流程的设置、教学策略与语言的使用三方面对课堂进行改进，倡导教学内容明确化、教学环节简约化、教学策略精细化，注重学生个人体验的绿色课堂。该课题从大处着眼，依次从目标、内容、教法、测评进行改进，抓住了课堂教学的几大环节，是课堂改进的主体所在。

促进学生语文核心能力发展的学校和课堂改进案例的实验研究与中学生语文核心能力构成及表现的理论研究、中学生语文核心能力表现实证测评研究、发展进阶研究及语文核心能力影响因素研究三个环节是一以贯之的，都基于语文核心能力表现指标体系，其具体内涵见表 6-1。

表 6-1 语文核心能力表现指标体系

能力要素		内涵界定
学习理解能力	观察注意	观察文本情境，注意人物特征、事件过程或文本特点； 观察生活情境，注意交流的不同场合特点及交流对象特征。
	记忆	认识常用汉字 3500 个，其中会写 2500 个以上； 熟读成诵至少 240 篇（段）优秀诗文； 识记课内外阅读和生活中常用的成语典故、名言警句等语言材料； 记忆所学课文和所读经典名著涉及的重要文学、文化常识。
	信息提取	提取基本要素、重要细节和关键语句，排除干扰性信息； 从话语、文本中捕捉重要的显性信息或隐性信息，做到信息提取真实、准确、完整。
	分析概括	区分各类作品，概括常见文体的基本特征； 从所积累的语言材料中分析概括出一定的规律和特点； 分析概括文本的主要内容、思想情感和写作特点。
	领会理解	体味重要词句的含义及其在语言环境中的作用； 理解重要语段的内容及其在文中的作用； 理解作品的内容、深层含义，体悟作品所蕴含的文学文化内涵； 理解领悟谈话对象的真实观点和意图。
实践应用能力	应用交际	针对讨论的焦点发表自己的意见，做到清楚、连贯、不偏离话题，注意表情和语气； 根据情境，准确、清晰地讲述见闻或复述、转述； 根据对象和场合，能文明、得体地进行日常交流； 流畅地与他人分享阅读感受，交流阅读心得； 考虑不同的目的和对象，选择恰当的内容和表达方式，语言正确、规范； 修改自己的作文，做到文从字顺，书写规范、整洁； 格式正确，标点或称谓等使用正确。
	解释推断	借助词句积累和文学文化常识解释现象背后的文化内涵； 分析文本或生活中的观点与材料的逻辑联系，合理推断事件现象因果关系等； 解释运用某种表达方式进行写作的原因。
	解决问题	针对具体情境，就相关问题提出合理可行的解决方法或方案； 根据文本信息，联系现实生活，解决生活中的具体问题。
	策略应用	熟练使用各种工具书，合理运用图书馆和网络资源，查找和引用资料，借助注释理解文本； 广泛阅读各类读物，养成分类积累、做阅读笔记的习惯，丰富阅读经验。

续表

能力要素		内涵界定
创新迁移能力	发散创新	在阅读材料和实际生活经验之间建立联想和联系； 举一反三，运用汉语言文学的规律丰富积累、拓展运用； 创造性地解释、化用，尝试扩写、改写或创作。
	批判赏析	对所积累的内容有自己的感受、领悟和评价； 批判赏析课内外文本的思想内容、结构安排和语言表达； 批判赏析文本中蕴含的民族心理和时代精神，加深对人类社会生活和情感世界的认识和思考； 批判赏析传统文化和多元文化。
	内化完善	理解吸收古今中外优秀文化，提高思想文化修养，促进自身精神成长； 有自己的情感体验，从中获得对自然、社会、人生的有益启示； 学习他人口头和书面语言的表达技巧，及时总结表达与交流的经验，探索适合自己的表达方式。

着眼于促进学生语文核心能力发展的目的，同时考虑到单篇教学方法在多年来形成的碎片化、繁琐化、程式化、高耗低效等问题，语文学科课堂改进实验研究主要围绕"专题教学"方式展开。

"语文专题教学是与单篇教学或单元教学相区别的一种教学方式。教师以《普通高中语文课程标准（实验）》提出的教育目标、原则和策略为指导，本着系统思考的原则，以教材中一个或一组教学篇目为起点，设计整体教学方案。在整体方案下，学生以阅读中的真实问题为出发点，整合课内外教学资源，自主确立专题开展研读，并以任务为驱动形成专题学习成果；教师在整个学习过程中采取适当的教学策略对学习内容、学习方法进行指导，对学习态度和学习成果进行评价，并根据学生兴趣、能力和完成状况等因素灵活调整教学内容和进度。"我们采用的是李煜晖老师对专题教学概念的定义。

刘宇新、亓东军等人提出，高中语文专题教学的产生和发展源于与新课程改革相关的九种需要：落实高中新课程基本理念的需要，适应《普通高中语文课程标准（实验）》构建的模块课程的需要，培养语文运用、审美和探究能力的需要，实现新课程总的教学目标的需要，适应高中新课程语文教材的需要，提升学习品质和改变教学方式的需要，开发课程资源和构建校本课程的需要，迎合具有改革意识教师共同追求的需要，实现与义务教育课程相互衔接的需要。

从理论思想来讲，专题教学体现了系统论和整体论的观点。系统论最开始由奥地利学者贝塔朗菲创立于生物学，强调将有机体作为整体来研究。"语文教学研究作为一门学科，应重视各教学环节和内容的整体性、结构性与相关性等原则。只有从系统的角度去思考语文问题，才能明确教学过程的各个组成部分的作用和价值，明确了作用和价值后，才能够提升相应部分在语文教学中的价值。"

专题教学也与自主学习和建构主义理论不谋而合。建构主义认为，学习者不是被动地去接受外部信息与刺激，而是要去主动积极地建构意义。建构主义意味着在语文教育中，学生是学习的主体，他们应该在元认知的作用下主动建构知识，独立、自主地体验到阅读带给他们的感受与价值。《普通高中语文课程标准（实验）》也体现了这一点："阅读文学作品的过程，是发现和建构作品意义的过程""应引导学生设身处地去感受体验，重视对作品中形象和情感的整体感知与把握，注意作品内涵的多义性和模糊性，鼓励学生积极地、富有创意地建构文本意义"。

有效教学是指为了使学生在知识与技能、过程与方法、情感态度与价值观三维目标等方面获得整合、协调、可持续的进步和发展，从而有效地实现预期的教学目标，满足社会和个人的教育价值需求而组织实施的教学活动。而专题教学能在三维目标上促进学生得到综合、协调和可持续发展，符合有效教学理论。

此外，专题教学所呈现的教师观、学生观和发展观与多元智能理论非常契合，能够在尊重学生个体差异的基础上，促进学生认知与思想发展的多元化。

在专题教学中，确立专题的基本原则主要有：（1）要落实《课标》的相关要求；（2）要在教材的基础上确立适合学生学习的专题；（3）重点依托单元中的主要文本，同时借助单元中的辅助文本；（4）兼顾"必修"与"选修"之间的关系；（5）在教材的基础上向课外延伸；（6）关注学生的现有水平和实际需求；（7）鼓励学生自主确立学习专题。

经过文献梳理，可将高中语文专题教学策略分为四大类。

（1）整合课内必修重点篇目开展专题教学：黄厚江老师《整合式教学的常见形式及运用》一文就是在这一范畴下提出了"主从式""并列式""交错式""总分式"等

整合形式。北京二中王锡婷老师在第三届"全国语文高中模块课程研讨会"上的展示课"诵读毛主席诗词,感受伟人的情怀"就是将必修中《沁园春·雪》《沁园春·长沙》等四首诗词进行了"并列式"整合。

(2)整合选修课程开展专题教学:刘宇新老师《高中语文选修课专题式教学的实施分析》一文,以《普通高中语文课程标准(实验)》要求为指导,提出了"从教材中选取恰当的专题""对教材原有专题作适当切分""扣住专题内容整合单元篇目"三种策略。

(3)整合必修和选修课程开展专题教学:例如上海的倪惠琴老师在《循专题阅读之径,入语文素养之堂——高中语文专题阅读指导策略的实践研究报告》中提出"阅读兴趣激励策略""感悟质疑引导策略""阅读写作互动策略""培养课题意识策略""专题研究策略"等整合必修和选修内容开展专题的五种策略。

(4)自主构建专题系列教材和网络学习平台:如吴泓式专题教学(导读——奠基拓展——再读、深解——选题、写作——深度体验)。

专题教学作为一种教学策略,其组织形式可以形态不一、丰富多样,可以有"专题确立""专题鉴赏""专题写作"等;就形式而言,可以是专题讲座、专题讨论、专题总结、专题报告、专题交流、专题展示等。

第二节 教学改进流程及方法

北师大语文课程与教学论专业方向的郑国民老师、首师大教育学院张燕华老师作为语文学科首席专家,与 H、C、F 三区教研员,ZG 中学 LY 老师、LJ 老师、Y 老师、S 老师、LQ 老师、X 老师,YD 中学 LY 老师、LC 老师、LH 老师、W 老师,GDF 中学 B 老师、Z 老师、H 老师、W 老师,RDFC 学校 G 老师、C 老师、L 老师,SZ 中学 L 老师、C 老师,BZ 中学 L 老师、W 老师、H 老师、Z 老师组建成一个多元的研究团队,基本依照"测评诊断报告——确定教学改进主题及内容——前测——集体备课——试讲——正式讲——后测、师生访谈"的流程进行了课堂改进实验研究。

测评诊断报告：基于前期区域测试大数据对该学校的学生进行学科能力表现诊断；调取学校原有教学案例进行教学诊断，向学校报告测试及诊断结果。

确定教学改进主题及内容：区域教研员与学校负责人、教学改进主讲教师根据上一环节报告的测评诊断结果和学生的具体情况确定各自的教学改进主题和具体内容。

前测：基于学生核心语文能力指标体系开发相应主题的测评工具对学生施测，了解学生在该内容主题上的学习情况。

集体备课：召集北师大、首师大等师范院校语文课程与教学论专业方向的专家学者、北京市特级教师、北京教育科学研究院与各区域教研员、项目校各主讲教师，基于前期区域测评数据及前测结果对相应主题进行整体教学规划，选择其中的重点单元进行研讨。

试讲：主讲教师在集体备课的基础上选择班级讲课。

正式讲：主讲教师吸取试讲时的经验教训，选择班级讲授公开课。

后测、师生访谈：在单元或主题整体教学实施完成后，进行学生学科能力发展状况测查，参听公开课的教师进行评课，对主讲教师和学生进行访谈。

第三节　教学改进案例

一、"人物传记"专题学习

为了更好地实现中学生学习能力提升的目标，促进教学研究改革和学生发展，BJS中学参加了2014年3月由北京教育学院F分院与北京师范大学合作举行的F区中学生学科能力测试项目，报告显示，高一、高二年级水平一欠缺，较少学生能够"根据不同目的和场合，用语言文字清晰、合理地表达观点；结合所学知识对文本信息作出准确的解释、推断，说明原因；深入理解文本的文化内涵"；学生在"积累"这一板块表现不佳，对古诗词和名著的学习仅仅停留在机械记忆和捕捉信息的层面，语句含义和深层内容的理解能力有欠缺。

多年来，BJS中学在阅读能力的培养上做出过不少探索，近几年遵照本区特级教师DHL老师的指导，着力于从"文理意识、事理意识"的培养上训练学生，从词语选用、语段精读等层面精心设计具有思维力度的训练题，效果较好。

BJS中学在中学生学科能力测试结果的基础上，结合本校历史情况与具体形势，将中学生能力改进与提升的目标进一步确定为：（1）重视文化积累，提升理解感悟，教师在引导学生学习优秀诗文和古典名著时可以尝试更加开放的形式。比如，在年级或学校层面开展相关的活动——知识竞赛、读书交流、辩论会等传统的方式都是很好的调动学生积极性的办法。在帮助学生学习、理解某些传统文化知识——及笄礼、冠礼——时，如果能采用举行相关仪式的方法，学生们一定会更加兴致盎然。另外，在日常教学中，也应鼓励学生在已有知识的基础上发散思维、自主发挥，将课内学习与课外学习融合，才能取得更好的效果。（2）创新教学模式，重视思维训练，努力引导学生形成多角度看待问题的意识，引导学生将课内与课外结合起来，培养学生开放、深刻和敏捷的思维品质。

出于以上目标定位，BJS中学高一语文教师L老师综合考量学生真实需求、年级教学进度、自身特点，依托《张衡传》文本，进行内容为人物传记专题学习的课堂改进。

为了了解BJS中学高一学生人物传记学习基础，2015年5月8日对其进行了前测，高一1班和高一6班为改进班，高一4班和高一7班为对照班，具体表现见表6-2。

表6-2　BJS中学高一年级学生前测数据

	改进班(1班、6班整体)	对照班(4班、7班整体)	均值差异性
学生数	69	63	
总能力平均值	−0.34	−0.38	0.691
A能力平均值	−0.74	−0.73	0.862
B能力平均值	0.10	0.08	0.832

续表

	改进班(1班、6班整体)	对照班(4班、7班整体)	均值差异性
C 能力平均值	−0.16	−0.19	0.808
A 能力平均得分率	0.34	0.33	0.826
B 能力平均得分率	0.52	0.51	0.647
C 能力平均得分率	0.51	0.49	0.405
A-1 平均得分率	0.62	0.71	0.043
A-2 平均得分率	0.24	0.12	0.013
A-3 平均得分率	0.26	0.29	0.415
A-4 平均得分率	0.31	0.28	0.514
A-5 平均得分率	0.25	0.22	0.617
B-1 平均得分率	0.67	0.64	0.319
B-3 平均得分率	0.20	0.18	0.562
B-4 平均得分率	0.70	0.78	0.136
C-1 平均得分率	0.26	0.18	0.180
C-2 平均得分率	0.64	0.64	0.993

由上表可知，BJS中学高一年级 B 能力(实践应用能力)优于 C 能力(创新迁移能力)优于 A 能力(学习理解能力)，A 能力下，A-2 能力(记忆能力)与 A-3 能力(信息提取能力)、A-4 能力(分析概括能力)、A-5 能力(领会理解能力)都较差；B 能力下，B-3 能力(解决问题能力)较差；C 能力下，C-1 能力(发散创新能力)较差。对改进班与对照班进行均值差异性检验之后，发现对照班 A-1 能力(观察注意能力)的平均得分率显著高于改进班，改进班 A-2 能力(记忆能力)显著高于对照班。

根据前测结果，将"人物传记专题学习"的课堂改进提升目标进一步聚焦在了A-2(记忆能力)、A-3(信息提取能力)、A-4(分析概括能力)、A-5(领会理解能力)4 个二级能力要素上。以下是 LZH 老师设计的《张衡传》教学设计初稿：

《张衡传》

范 晔

教学目标

1. 掌握重点实词、虚词；

2. 理解并掌握重点句式；

3. 感受并学习张衡"虽才高于世，而无骄尚之情""不慕当世"的高尚品格及严谨的科学态度。

教学重点

重点实词、虚词

教学难点

人物形象、写作技巧

教学时数

课前预习＋2课时

课前预习

参照课下注释及自己拥有的其他资料，按照老师的要求，自行完成对课文词语、句子层面的初步阅读。

第一课时

一、导入

作者简介：范晔，南朝历史学家。《后汉书》纪传体断代史。

张衡：字平子，东汉著名文学家、科学家。

二、整体把握文章

第一部分（1段）：学业、品德、文才

第二部分（2～4段）：科学成就

第三部分（5～6段）：政治才干

三、课文研讨

文中哪些地方能体现出张衡的高尚品德？他在文学上、科学上的成就分别是什么？政治上的作为怎么样？

四、精读第四段

思考：作者是按照怎样的顺序介绍候风地动仪的？

质地、外形、雕饰、构造——作用——效果——评价——验证——使用

先介绍是怎样一种仪器，再介绍在当时的应用，条理清晰。

材料补充：东汉时期，我国地震频繁。据《后汉书》记载，自和帝永元四年到安帝延光四年的三十多年，共发生 24 次较大的地震。汉安帝元初六年，就发生过两次大的地震，死伤很多人，财产遭受巨大损失。当时人们由于缺乏科学知识，对地震极为惧怕，都认为是神灵主宰。

张衡当时正在洛阳，对地震有不少亲身体验。他多次目睹震后的惨状，痛心不已。为了掌握全国的地震状况，他记录了所有地方上发生地震的报告，在已有的天文学基础上，经过常年孜孜不倦地探索研究，终于在 50 岁时，发明了世界上第一架测定地震方位的地震仪——候风地动仪。（较西方早 1700 多年。）

第二课时

一、精读五、六段

政治才能：

1. 上疏陈事，引在帷幄。——关心国事，心思细密，小心谨慎。

2. 为河间相，收擒奸党。——忧国忧民，机智果断，不畏权贵。

3. 不遵典宪；又多豪右，共为不轨。衡下车，治威严，整法度。——果断正直

4. 阴知奸党名姓。——聪明机智

5. 一时收禽。——果敢决绝

6.上下肃然，称为政理。——政绩卓越

二、总结

这篇传记从三个方面较为全面地为我们介绍了张衡，让我们领略了张衡在各个方面的卓越才能。文章详略得当，既全面又突出重点。

三、知识梳理

(一)文言知识梳理

1. 通假字

骄尚——上　员径——圆　傍行——旁　收禽——擒

2. 多义词

因

(1)因入京师　于是　　　　　　　(2)因以讽谏　就

(3)伺者因此觉知　于是　　　　　(4)衡因上疏陈事　因此

之

(1)妙尽璇玑之正　的　　　　　　(2)张口承之　铜丸

(3)乃知震之所在　音节助词　　　(4)验之以事　代地震预测

妙

(1)妙尽璇玑之正　形容词 精妙的　　　(2)于是皆服其妙　形容词精确

3. 词类活用

(1)大将军邓骘奇其才　认为奇特

(2)衡善机巧　　　　　通晓 擅长（形容词做动词）

(3)妙尽璇玑之正　　　原理（形容词做名词）

4. 特殊句式

(1)省略句

因以(之)讽谏　　　果地震(于)陇西

(2)倒装句

游于三辅　　　虽才高于世　　　未之有也　　　果地震(于)陇西

(3)被动句

举孝廉不行　　　　　　　　连辟公府不就

(二)文化知识梳理

见课件

四、课堂测试

(略)

整体来看，这是一个比较传统的古诗文阅读教学设计，基本遵循"疏通文意——整体把握全文内容——总结人物形象——知识梳理"的教学流程，记忆、信息提取、分析概括、领会理解这 4 个二级能力要素尽管会随着教学任务的完成获得一定提升，但其内隐的特征使得该教学内容对于学科能力的提升缺乏足够的针对性，而这种传统的阅读教学方式也会让学生在学习中的兴趣与动力大打折扣。

2015 年 5 月 13 日，邀请了 EFZ 的 LYH 老师分享了高中语文专题教学理念与策略，LZH 老师受其启发，决定依托《张衡传》教材文本，整合相关阅读材料，从学生学习过程中存在的真实问题出发，组建"人物传记专题学习"，以期摆脱以往文言文教学"只教文言不教文"的困境，激发学生学习文言文的兴趣，提高学生文言文学习的能力，让学生收获更多。

LZH 老师让学生自主提出其在学习这篇文本过程中的问题，如下：

1. 之前许多官员都征用张衡，他都不答应。那为什么汉安帝只命令公车征召他，他便答应了？

2. 时未有"尚书省"，亦无"××尚书"之职，则"征拜尚书"为何？

3. "阴阳学"属于"术学"吗？这门学问是道家的那个"阴阳"吗？

4. "再迁为太史令""再转复为太史令"中间没有提到官职，怎么"转复"？

5. 文章之前讲张衡"从容淡静，不好交接俗人"，为什么宦官给他使眼色，他就不用实话回答？不用实话回答，就是说谎吧？

6. 按照范晔描述，张衡淡泊名利，埋头科学，又怎么会卷入朝廷纷争从而被逐出京师呢？

7. 本文用了什么写作手法？本文写作方法上的特点是什么？本文描写了张衡的部分事迹，作者用了怎样的方法进行描写？

8. 本文对张衡品格、文学才能、科学成就和政治才干四个方面的描写有何联系？

9. 为何这篇文章不按照"政治才能、品格文才和科学成就"这三个顺序写？文章的顺序可以调换吗？

10. 作者仅仅赞美张衡的才华吗？作者想表达的情感，除了对张衡的仰慕、赞美，还有其他的吗？

……

LZH 老师将学生问题归为词句理解、文章内容、文章结构、文化常识四类，并发现很多学生的问题集中在文章结构上。

2015 年 5 月 27 日，相关教师进行集体备课，LYX 老师为《张衡传》专题确定提出了宝贵意见：

《张衡传》若作为专题课，需要先确立专题。根据现有内容，可否暂定为"《张衡传》的选材角度"。建议可以与《汉书》(或《史记》等)传记作比较，也可以考虑从人教版选修教材《人物传记》中找一点素材。若重新确立专题，也可以考虑从人物传记的特点上寻找合适的专题，例如，"传记中对事实材料的记述""传记的结构方式"等。

LZH 老师听取以上建议，决定在学生真实问题的基础上将该专题确定为《从〈张衡传〉到史传文学》，希望使学生在互文比读的过程中，发现、梳理史传文学真实性、概括性、文学性的特点以及作传者既尊重历史事实，又含蓄传达自身情感态度的方法；把握史传文学篇章结构上的普遍规律，掌握阅读、鉴赏史传文学作品的方法。

以下是经过两次集体备课后确定的"人物传记专题学习"教学设计：

"《张衡传》专题学习"教学设计

学习目标

1. 语言目标

研读《张衡传》及互文比读资料一(《河间相张平子碑》《吊张衡文》《过张平子墓》)、互文比读资料二(《范晔传》《祢衡传》《蔡邕列传》),积累文言文中常用的实词、虚词,积累名言名句,梳理、积累常见常用文化常识,提升对史传文学作品语言的感受力。

2. 能力目标

(1)从互文比读的过程中,发现、梳理史传文学真实性、概括性、文学性的特点以及作传者既尊重历史事实,又含蓄传达自身情感态度的方法。

(2)把握史传文学篇章结构上的普遍规律,掌握阅读、鉴赏史传文学作品的方法。

实施过程

第一阶段——《张衡传》精读

一、阅读《张衡传》,提问。【课下进行】

二、小组合作,对照课下注释及老师下发的补充注释再读课文,解决词语理解层面的问题。最后,各组分别统计"小组交流合作"后依然不能解决的问题。【一节课】

三、师生共同研讨,解决"小组合作"之后依然不能解决的问题——由于社会背景、文化知识缺乏而导致的阅读障碍。【一节课】

第二阶段——互文比读

一、下发互文比读资料一(《河间相张平子碑》《吊张衡文》《过张平子墓》)。学生自读,梳理这三篇诗文与《张衡传》在内容与形式上的不同点,初步感知"史传文学作品"的特点。【课下进行】

附：互文比读资料一

河间相张平子碑

崔瑗（东汉学者）

河间相张君，南阳西鄂人，讳衡，字平子。其先出自张老，为晋大夫，纳规赵武，而反其侈，书传美之。君天资睿哲，敏而好学，如川之逝，不舍昼夜。是以道德漫流，文章云浮。数术穷天地，制作侔造化，瑰辞丽说，奇技伟艺，磊落焕炳，与神合契。然而体性温良，声气芬芳，仁爱笃密，与世无伤，可谓淑人君子者矣。初举孝廉，为尚书侍郎，迁太史令，实掌重黎。历纪之度，亦能焊耀敦大，天明地德，光照有汉。迁公车司马令侍中，遂相河间，政以礼成，民是用息。遭命不永，暗忽迁徂，朝失良臣，民陨令君，天泯斯道，世丧斯文。凡百君子，靡不伤焉，乃铭斯表，以旌厥门。

其辞曰："于惟张君，资质懿丰，德茂才美，高明显融，焉所不学，亦何不师，盈科而逝，成章乃达。一物不知，实以为耻。闻一善言，不胜其喜。包罗品类，禀授无形，酌焉不竭，冲而复盈。廪廪其庶，亹亹其几。赝数命世，绍圣作师。苟华必实，令德惟恭，柔嘉伊则，孝友祗容。允出在兹，维帝念功。往才女谐，化洽民雍。愍天不吊，降此咎凶。哲人其萎，罔不时恫，纪于铭勒，永终誉兮。死而不朽，芳烈著兮。"

学习任务：请给第一段文字划分层次，并概述其主要内容。

吊张衡文

（三国·祢衡）

南岳有精，君诞其姿；清和有理，君达其机。故能下笔绣辞，扬手文飞。昔伊尹值汤，吕望遇旦，嗟矣君生，而独值汉。苍蝇争飞，凤凰已散；元龟可羁，河龙可绊；石坚而朽，星华而灭。惟道兴隆，悠永靡绝。君音永浮，河水有竭；君声永流，旦光没发。余生虽后，身亦存游，士贵知己，君其勿忧。

学习任务：请给这一篇短赋划分层次，并概述其主要内容。

过张平子墓

（唐·骆宾王）

西鄂该通理，南阳擅德音。玉卮浮藻丽，铜浑积思深。忽怀今日昔，非复昔时今。日落丰碑暗，风来古木吟。惟叹穷泉下，终郁羡鱼心。

学习任务：翻译这首古诗，说说这首诗主要表达了诗人怎样的感情？

二、理解、把握这三篇诗文的内容，梳理这三篇诗文与《张衡传》的不同之处。【一课时】

1. 小组合作，交流个人的理解与认识，加深对以上三篇诗文的理解；

2. 统计小组不能解决的问题，全班交流，理解、把握这三篇诗文的内容；

3. 以小组为单位，梳理这三篇诗文与《张衡传》的异同。

	文体	内容	与《张衡传》的不同点
河间相张平子碑			
吊张衡文			
过张平子墓			

三、下发互文比读资料二（《宋书·范晔传》《后汉书·文苑列传·祢衡传》《后汉书·蔡邕列传》）。学生自读，梳理这三篇人物传记的主要内容，分条列出与《张衡传》在形式上的相同点，进一步感知"史传文学作品"的特点。【课下进行】

附：互文比读资料二

宋书·范晔传

（南朝齐·沈约）

范晔，字蔚宗，顺阳人，车骑将军泰少子也。母如厕产之，额为砖所伤，故以砖为小字。出继从伯弘之，袭封武兴县五等侯。少好学，博涉经史，善为文章，能隶书，晓音律。年十七，州辟主簿，不就。高祖相国掾，彭城王义康冠军参军，随府转右军参军，入补尚书外兵郎，出为荆州别驾从事史。寻召为秘书丞，父忧去职。服终，为征南大将军檀道济司马，领新蔡太守。道济北征，晔惮行，辞以脚疾，上不许，使由水道统载器仗部伍。军还，为司徒从事中郎。顷之，迁尚书吏部郎。

元嘉元年冬，彭城太妃薨，将葬，祖夕，僚故并集东府。晔弟广渊，时为司徒祭酒，其日在直。晔与司徒左西属王深宿广渊许，夜中酣饮，开北牖听挽歌为乐。义康大怒，左迁晔宣城太守。不得志，乃删众家《后汉书》为一家之作。在郡数年，迁长沙王义欣镇军长史，加宁朔将军。兄皓为宜都太守，嫡母随皓在官。十六年，母亡，报之以疾，晔不时奔赴；及行，又携妓妾自随，为御史中丞刘损所奏。太祖爱其才，不罪也。服阕，为始兴王浚后军长史，领南下邳太守。及浚为扬州，未亲政事，悉以委晔。寻迁左卫将军、太子詹事。

晔长不满七尺，肥黑，秃眉须。善弹琵琶，能为新声。上欲闻之，屡讽以微旨，晔伪若不晓，终不肯为上弹。上尝宴饮欢适，谓晔曰："我欲歌，卿可弹。"晔乃奉旨。上歌既毕，晔亦止弦。

初，鲁国孔熙先博学有纵横才志，文史星算，无不兼善。为员外散骑侍郎，不为时所知，久不得调。初熙先父默之为广州刺史，以赃货得罪下廷尉，大将军彭城王义康保持之，故得免。及义康被黜，熙先密怀报效，欲要朝廷大臣，未知谁可动者，以晔意志不满，欲引之。而熙先素不为晔所重，无因进说。晔外甥谢综，雅为晔所知，熙先尝经相识，乃倾身事综，与之结厚。熙先藉岭南遗财，家甚富足，始与综诸弟共博，故为拙行，以物输之。综等诸年少，既屡得物，遂日夕往来，情意稍款。综乃引熙先与晔为数，晔又与戏，熙先故为不敌，前后输晔物甚多。晔既利其财宝，又爱其文艺。熙先素有词辩，尽心事之，晔遂相与异常，申莫逆之好。始以微言动晔，晔不回，熙先乃极辞譬说。晔素有闺庭论议，朝野所知，故门胄虽华，而国家不与姻娶。熙先因以此激之曰："丈人若谓朝廷相待厚者，何故不与丈人婚，为是门户不得邪？人作犬豕相遇，而丈人欲为之死，不亦惑乎？"晔默然不答，其意乃定。

【略去谋逆、事发及被拘系部分5274字。】

将出市，晔最在前，于狱门顾谓综曰："今日次第，当以位邪？"综曰："贼帅为先。"在道语笑，初无暂止。至市，问综曰："时欲至未？"综曰："势不复久。"晔既食，又苦劝综，综曰："此异病笃，何事强饭。"晔家人悉至市，监刑职司问："须相见不？"晔问综曰："家人以来，幸得相见，将不暂别。"综曰："别与不别，亦何所存。来必当号泣，正足乱人意。"晔曰："号泣何关人，向见道边亲故相瞻望，亦殊胜不见。吾意故欲相见。"于是呼前。晔妻先下抚其子，回骂晔曰："君不为百岁阿家，不感天子恩遇，身死固不足塞罪，奈何枉杀子孙。"

晔干笑云罪至而已。晔所生母泣曰："主上念汝无极，汝曾不能感恩，又不念我老，今日奈何？"仍以手击晔颈及颊，晔颜色不怍。妻云："罪人，阿家莫念。"妹及妓妾来别，晔悲涕流涟，综曰："舅殊不同夏侯色。"晔收泪而止。综母以子弟自蹈逆乱，独不出视。晔语综曰："姊今不来，胜人多也。"晔转醉，子蔼亦醉，取地土及果皮以掷晔，呼晔为别驾数十声。晔问曰："汝恚我邪？"蔼曰："今日何缘复恚，但父子同死，不能不悲耳。"

晔少时，兄晏常云："此儿进利，终破门户。"终如晏言。

史臣曰：古之人云："利令智昏。"甚矣，利害之相倾。刘湛识用才能，实苞经国之略，岂不知移弟为臣，则君臣之道用，变兄成主，则兄弟之义殊乎。而义康数怀奸计，苟相崇说，与夫推长戟而犯魏阙，亦何以异哉！

祢衡传

（《后汉书·文苑列传第七十下》）

祢衡字正平，平原般人也。少有才辩，而尚气刚傲，好矫时慢物。兴平中，避难荆州。建安初，来游许下。始达颍川，乃阴怀一刺，既而无所之适，至于刺字漫灭。是时许都新建，贤士大夫四方来集。或问衡曰："盍从陈长文、司马伯达乎？"对曰："吾焉能从屠沽儿耶！"又问："荀文若、赵稚长云何？"衡曰："文若可借面吊丧，稚长可使监厨请客。"唯善鲁国孔融及弘农杨修，常称曰："大儿孔文举，小儿杨德祖。余子碌碌，莫足数也。"融亦深爱其才。

衡始弱冠，而融年四十，遂与为交友。上疏荐之曰："……"融既爱衡才，数称述于曹操。操欲见之，而衡素相轻疾，自称狂病，不肯往，而数有恣言。操怀忿，而以其才名，不欲杀之。闻衡善击鼓，乃召为鼓史，因大会宾客，阅试音节。诸史过者，皆令脱其故衣，更着岑牟、单绞之服。次至衡，衡方为《渔阳》参挝，蹀躞而前，容态有异，声节悲壮，听者莫不慷慨。衡进至操前而止，吏诃之曰："鼓史何不改装，而轻敢进乎？"衡曰："诺。"于是上解祖衣，次释余服，裸身而立，徐取岑牟、单绞而着之，毕，复参挝而去，颜色不怍。操笑曰："本欲辱衡，衡反辱孤。"

孔融退而数之曰："正平大雅，固当尔耶？"因宣操区区之意。衡许往。融复见操，说衡狂疾，今求得自谢。操喜，敕门者有客使通，待之极晏。衡乃着布单衣、疏巾，手持三尺棁杖，坐大营门，以杖捶地大骂。吏白："外有狂生，坐于营门，言语悖逆，请收案罪。"操怒，谓融曰："祢衡竖子，孤杀之犹雀鼠耳。顾此人素有虚名，远近将谓孤不能容之，今送与刘表，视当何如。"于是遣人骑送之。临发，众人为之祖道，先供设于城南，乃更相戒之曰："祢衡勃虐无礼，今因其后到，咸当以不起折之也。"及衡至，众人莫肯兴，衡坐而大号。众问其故，衡曰："坐者为冢，卧者为尸，尸冢之间，能不悲乎！"

刘表及荆州士大夫先服其才名，甚宾礼之，文章言议，非衡不定。表尝与诸文人共草章奏，并极其才思。时衡出，还见之，开省未周，因毁以抵地。表怃然为骇，衡乃从求笔札，须臾立成，辞义可观。表大悦，益重之。

后复侮慢于表，表耻，不能容，以江夏太守黄祖性急，故送衡与之，祖亦善待焉。衡为作书记，轻重疏密，各得体宜。祖持其手曰："处士，此正得祖意，如祖腹中之所欲言也。"

祖长子射为章陵太守，尤善于衡。尝与衡俱游，共读蔡邕所作碑文，射爱其辞，还，恨不缮写。衡曰："吾虽一览，犹能识之，唯其中石缺二字为不明耳。"因书出之。射驰使写碑，还校，如衡所书，莫不叹伏。射时大会宾客，人有献鹦鹉者，射举卮于衡曰："愿先生赋之，以娱嘉宾。"衡揽笔而作，文无加点，辞采甚丽。

后黄祖在蒙冲船上，大会宾客，而衡言不逊顺。祖惭，乃诃之，衡更熟视曰："死公！云等道？"祖大怒，令五百将出，欲加箠。衡方大骂，祖恚，遂令杀之。祖主簿素疾衡，即时杀焉。射徒跣来救，不及。祖亦悔之，乃厚加棺敛。衡时年二十六，其文章多亡云。

赞曰：情志既动，篇辞为贵。抽心呈貌，非雕非蔚。殊状共体，同声异气。言观丽则，永监淫费。

蔡邕列传（节选）

（《后汉书·蔡邕列传第五十下》）

蔡邕字伯喈，陈留圉人也。六世祖勋，好黄、老，平帝时为郿令。王莽初，授以厌戎连率。勋对印绶仰天叹曰："吾策名汉室，死归其正。昔曾子不受季孙之赐，况可事二姓哉？"遂携将家属，逃入深山，与鲍宣、卓茂等同不仕新室。父棱，亦有清白行，谥曰贞定公。

邕性笃孝，母常滞病三年，邕自非寒暑节变，未尝解襟带，不寝寐者七旬。母卒，庐于冢侧，动静以礼。有菟驯扰其室傍，又木生连理，远近奇之，多往观焉。与叔父从弟同居，三世不分财，乡党高其义。少博学，师事太傅胡广。好辞章、数术、天文，妙操音律。

……

吴人有烧桐以爨者，邕闻火烈之声，知其良木，因请而裁为琴，果有美音，而其尾犹焦，故时人名曰"焦尾琴"焉。初，邕在陈留也。其邻人有以酒食召邕者，比往而酒以酣焉。客有弹琴于屏，邕至门试潜听之，曰："憘！以乐召我而有杀心，何也？"遂反。将命者告主人曰："蔡君向来，至门而去。"邕素为邦乡所宗，主人遽自追而问其故，邕具以告，莫不怃然。弹琴者曰："我向鼓弦，见螳螂方向鸣蝉，蝉将去而未飞，螳螂为之一前一却。吾心耸然，惟恐螳螂之失之也。此岂为杀心而形于声者乎？"邕莞然而笑曰："此足以当之矣。"

中平六年，灵帝崩，董卓为司空，闻邕名高，辟之。称疾不就。卓大怒，詈曰："我力能族人，蔡邕遂偃蹇者，不旋踵矣。"又切敕州郡举邕诣府，邕不得已，到，署祭酒，甚见敬重。举高第，补侍御史，又转持书御史，迁尚书。三日之间，周历三台。迁巴郡太守，复留为侍中。

初平元年，拜左中郎将，从献帝迁都长安，封高阳乡侯。

董卓宾客部典议欲尊卓比太公，称尚父。卓谋之于邕，邕曰："太公辅周，受命剪商，故特为其号。今明公威德，诚为巍巍，然比之尚父，愚意以为未可。宜须关东平定，车驾还反旧京，然后议之。"卓从其言。

二年六月，地震，卓以问邕。邕对曰："地动者，阴盛侵阳，臣下逾制之所致也。前春郊天，公奉引车驾，乘金华青盖，爪画两镳，远近以为非宜。"卓于是改乘皂盖车。

卓重邕才学，厚相遇待，每集宴，辄令邕鼓琴赞事，邕亦每存匡益。然卓多自恨用，邕恨其言少从，谓从弟谷曰："董公性刚而遂非，终难济也，吾欲东奔兖州，若道远难达，且遁逃山东以待之，何如？"谷曰："君状异恒人，每行观者盈集。以此自匿，不亦难乎？"邕乃止。

及卓被诛，邕在司徒王允坐，殊不意言之而叹，有动于色。允勃然叱之曰："董卓国之大贼，几倾汉室。君为王臣，所宜同忿，而怀其私遇，以忘大节！今天诛有罪，而反相伤痛，岂不共为逆哉？"即收付廷尉治罪。邕陈辞谢，乞黥首刖足，继成汉史。士大夫多矜救之，不能得。太尉马日碑驰往谓允曰："伯喈旷世逸才，多识汉事，当续成后史，为一代大典。且忠孝素著，而所坐无名，诛之无乃失人望乎？"允曰："昔武帝不杀司马迁，使作谤书，流于后世。方今国祚中衰，神器不固，不可令佞臣执笔在幼主左右。既无益圣德，复使吾党蒙其讪议。"日碑退而告人曰："王公其不长世乎？善人，国之纪也；制作，国之典也。灭纪废典，其能久乎！"邕遂死狱中。允悔，欲止而不及。时年六十一。搢绅诸儒莫不流涕。北海郑玄闻而叹曰："汉世之事，谁与正之！"兖州、陈留间皆画像而颂焉。

……

论曰：意气之感，士所不能忘也。流极之运，有生所共深悲也。当伯喈抱钳扭，徙幽裔，仰日月而不见照烛，临风尘而不得经过，其意岂及语平日幸全人哉！及解刑衣，窜欧越，潜舟江壑，不知其远，捷步深林，尚苦不密，但愿北首旧丘，归骸先垄，又可得乎？董卓一旦入朝，辟书先下，分明枉结，信宿三迁。匡导既申，狂僭屡革，资《同人》之先号，得北叟之后福。屡其庆者，夫岂无怀？君子断刑，尚或为之不举，况国宪仓卒，虑不先图，矜情变容，而罚同邪党？执政乃追怨子长谤书流后，放此为戮，未或闻之典刑。

赞曰：季长戚氏，才通情侈。范围典文，流悦音伎。邕实慕静，心精辞绮。斥言金商，南徂北徒，籍梁怀董，名浇身毁。

学习任务：

1. 细读上面三篇节选的人物传记，完成下面表格。

	传主信息	主要事迹	分别表现人物怎样的特点	作者对传主的情感态度
范晔传				
祢衡传				
蔡邕列传				

2. 这三篇史传作品与《张衡传》有何相同之处？请分条列出。

四、课堂研讨，解决学生自学不能克服的阅读障碍；作业交流。【一课时】

第三阶段——总结深化，拓展延伸

【研讨课】

一、课堂研讨（一）——史传文学作品的特征

1. 教师导入，回顾之前的学习过程，明确本节课的学习内容——归纳总结史传文学的特点，发现学习"史传文学作品"的方法。

2. 温习互文比读（一）（二）的内容；分条列出互文比读材料一与《张衡传》的不同点，互文比读材料二与《张衡传》的相同点。

3. 从"结构、内容、手法、作者情感"四个方面归纳概括"史传文学作品"的特点。

4. 小组分工合作，交流各自看法，组内形成共识；为最后的全班交流做准备。

要求：

(1)请概括说出史传文学作品在这一方面的特点，并提供充足的判断依据；

(2)统一表述格式：我们认为，"史传文学"在_____方面有_____的特点，我们判断的依据是_____。

二、课堂研讨(二)——我们应该怎样阅读史传文学作品？

三、作业

阅读下面两篇文章，判断是否是史传文学作品，并说明理由。

(《李长吉小传》《种树郭橐驼传》)

【课例点评】

"促进中学生核心素养与关键能力提升的教学改进"项目依托于《中学生语文学科核心能力指标体系》，教学内容的确定与选择以中学生核心素养与关键能力的提升为旨归，教学活动与教学环节的设计以中学生语文核心能力为指向，该教学设计即体现了这样的价值取向与教学理念。

让学生素读《张衡传》，提出问题，能够引导学生观察文本情境，注意人物特征、事件过程和文本特点，进行文本情境与生活情境之间的比较与联系；理解、把握《河间相张平子碑》《吊张衡文》《过张平子墓》这三篇诗文的内容，梳理这三篇诗文与《张衡传》的不同之处；学生自读，梳理《宋书·范晔传》《后汉书·文苑列传·祢衡传》《后汉书·蔡邕列传》这三篇人物传记的主要内容，分条列出与《张衡传》在形式上的相同点，这两个教学活动要求学生观察比较不同文本的异同点，能够起到训练学生观察注意能力的作用。

梳理《河间相张平子碑》《吊张衡文》《过张平子墓》这三篇诗文与《张衡传》在内容与形式上的不同点，列出《宋书·范晔传》《后汉书·文苑列传·祢衡传》《后汉书·蔡邕列传》与《张衡传》在形式上的相同点，都需要学生排除干扰性信息，提取基本要素、重要细节和关键语句，并对其进行比较甄别、归纳概括。

通过互文比读来梳理、感知史传文学的文体特征，学生首先需要对比读文本的思想情感、主要内容有一定了解，分析概括这些文本的主要内容、思想情感和写作特点；从"结构、内容、手法、作者情感"四个方面归纳概括"史传文学作品"的特点，明确要求学生从所积累的语言材料中分析概括出一定的规律和特点，区分各类作品，概括常见文体的基本特征。这些教学活动的设计，从文本的内容与形式上，都有助于学生分析概括能力的提升。

从《张衡传》到史传文学，要达成这样的教学任务，教师需要带领学生理解《张衡传》等史传文学作品的内容、深层含义，体悟其所蕴含的文学文化内涵，认识到史传文学的文体价值，从而进一步理解领悟作者的真实观点和意图。在这个过程中，学生的领会理解能力也会得到相应提高。

新课标理念下的语文教学不仅仅关注静态的知识，同时也关注动态的方法与策略。在这个课例中，小组合作，对照课下注释及老师下发的补充注释再读课文，解决词语理解层面的问题。最后，各组分别统计"小组交流合作"后依然不能解决的问题，由师生共同研讨解决。这样的设计受到李煜晖老师问题处置理念的启发，教给学生熟练使用各种工具书，合理运用图书馆和网络资源，查找和引用资料，借助注释理解文本等学习策略。

简而言之，该课例通过《张衡传》这一篇目，系统设计了一个专题学习，在解决学生现实存在的一类问题的同时，希图有目的、针对性地提升学生的语文核心能力。

为了检验教学改进的实际效果，也为查漏补缺，2015 年 6 月 23 日对 BJS 中学高一学生进行了后测，与前测相应，高一 1 班、高一 6 班为改进班，高一 4 班、高一 7 班为对照班，具体表现见表 6-3。

表 6-3　BJS 中学后测数据分析结果

	改进班(1 班、6 班整体)	对照班(4 班、7 班整体)	均值差异性
学生数	56	45	
总能力平均值	−0.31	−0.56	0.015

	改进班(1班、6班整体)	对照班(4班、7班整体)	均值差异性
A 能力平均值	−0.01	−0.14	0.074
B 能力平均值	−0.62	−0.89	0.002
C 能力平均值	−0.42	−0.75	0.000
A 能力平均得分率	0.53	0.50	0.218
B 能力平均得分率	0.42	0.35	0.090
C 能力平均得分率	0.40	0.30	0.007
A-1 平均得分率	0.24	0.19	0.458
A-2 平均得分率	0.92	0.70	0.027
A-3 平均得分率	0.77	0.80	0.490
A-4 平均得分率	0.26	0.25	0.874
A-5 平均得分率	0.81	0.74	0.147
B-1 平均得分率	0.46	0.31	0.001
B-2 平均得分率	0.42	0.45	0.724
B-3 平均得分率	0.44	0.28	0.103
B-4 平均得分率	0.35	0.36	0.908
C-1 平均得分率	0.19	0.12	0.092
C-2 平均得分率	0.61	0.49	0.012

由上表可知，在后测中，BJS 中学高一年级 A 能力(学习理解能力)优于 C 能力(创新迁移能力)优于 B 能力(实践应用能力)，A 能力下，A-1 能力(观察注意能力)、A-4 能力(分析概括能力)较差；B 能力下，B-4 能力(策略应用能力)较差，C 能力下，C-1 能力(发散创新能力)较差。对实验班和对照班进行均值差异性检验，并与前测结果比较发现教学改进班除在 A-2 能力(记忆能力)平均得分率上显著优于对照班之外，在总能力值、B 能力值、C 能力值、B-1 能力(应用交际能力)、C-2 能力(批判赏析能力)等项上也显著优于对照班，说明教学改进能够促使学生多项核心能力的提升，有较为明显的效果。

公开课结束后，对 6 名学生进行了访谈，他们能明显感受到 LZH 老师上课的主题为通过《张衡传》学习史传文学的体例。关于专题教学，之前在语文和其他学科课上也听说过。比如，老师将学习任务交给已经分好的各个组，各组合作搜集资料、制作演示文稿、课上汇报，这样的方式新颖独特，学生参与度高，对学习内容的印象深刻，学生的接受度高，学习效果更好；专题教学的学习内容涉及面广，针对性强，可以开阔学生的视野，激发学生的兴趣；专题教学的作业比起传统的教学方式来说更注重脑力与思考。学习过程中，学生兴趣相对饱满，师生配合较为默契。他们能够接受在专题教学中去阅读大量东西，并且认为一堂课里只要有新的内容加入总是好的。

由于大家平日习惯于传统的单篇教学法，所以在接受专题教学法时会有点茫然，还需要有段磨合期，而且小组合作机制无效，成员依赖组长的现象在专题教学过程中偶有出现；有时候，专题教学的网撒得有点宽，超出学生搜集信息、接受信息的能力。他们反思，自己在搜集整理资料、深入思考阅读材料等方面还有欠缺，想得多写得少，希望在以后的学习中能够得到提高。

2015年9月20日，在ZG中学QH校区举行了项目总结会，LZH老师对其参加"促进中学生核心素养与关键能力提升的课堂改进"项目的过程进行了回顾和反思，以下是其部分发言内容：

能够参加北京师范大学和BJ教育学院F分院合作的"促进中学生核心素养与关键能力提升的课堂改进"研究，我感到非常荣幸。

在一个学期的研究与探索中，我获益匪浅。

为准备这个专题学习，我阅读了一批典型的史传文学作品、《张衡传》注解文字、古代文化常识、张衡作品、其他的张衡人物传记等资料，阅读量达到10万字以上。随着阅读面的不断拓展，对张衡其人其事、史传文学的文体特征与价值的认识，也逐渐深入。指导专家的讲座培训和宝贵建议也让我对专题教学的理解更加深刻，教学观念得以更新。

对我的学生来说，专题教学相较于传统的单篇教学，是一种学习方式的变革，在学习的过程中，他们由被动慢慢变得主动，逐渐尝到了做学习主人的快乐。他们学到的东西不再零散、碎片，而是彼此相互联系、牵一发而动全身的整体,他们在学习内容的不断建构和完形中,开始深入思考、探究。通过这个专题学习,他们对史传文学的文体特征有了深入而系统的认识,与此同时,其发现问题、探究问题、解决问题的能力,批判思维能力,信息整合与理解能力都得到了一定提升。

由于初次尝试专题教学,在学习与实践的过程中,也出现了一些困惑,比如文本深浅应该如何处理?专题边界的收放尺度在哪里?教师干预程度如何把握?

尽管有诸多疑惑,但我相信,在课题专家的指导下,在进一步的摸索下,这些问题都会随着经验的累积与理论的提升慢慢被解决,正如李晓东教授所说,虽然不够完善和完美,但我们相信自己走在正确的道路上。

本学期我会继续探索专题方式,初步计划以《陈情表》为依托,构建内容为"如何用语言说服他人"的专题学习。

二、"现代诗歌"专题学习

为了更好地实现中学生学习能力提升的目标,促进教学研究改革和学生发展,BJZG中学参加了2014年3月由H区教师进修学校与北京师范大学合作举行的H区中学生学科能力测试项目,报告显示,七、九、十一年级学生高于全体样本平均能力值,虽十年级略低于全体样本,但十一年级远高于十年级;八年级的分析概括、九年级的领会理解、十一年级的解释推断能力以及各年级的批判赏析能力都有待进一步提高;各年级学生的积累主题能力值显著低于H区及H区二类学校。

BJZG中学在中学生学科能力测试结果的基础上,结合本校历史情况与具体形势,将中学生能力改进与提升的目标进一步确定为:(1)注重文化积累,提升理解感悟。(2)培养阅读鉴赏能力:在继续发展学生信息提取、基本概括能力的基础上,加强学生对作品关键语句的内容及深层含义的理解,使其体悟作品所蕴含的文学文化内涵,分析文本或生活中的观点与材料的逻辑联系,批判赏析文本中蕴含的民族心理和时代精神,加深对人类社会生活和情感世界的认识和思考。(3)关注创新迁移能力:明确"创新"一词的概念和含义,充分结合学情和教学条件设计教学活动，帮助学生树立创新意识、培养创新精神，训练创新思维和创新表达的能力，提高学生的创新迁移能力。最终，实现由学习理解能力向实践应用能力、再向创新迁移能力的层级递进。

出于以上目标定位，BJZG 中学高一语文教师 YYG 综合考量学生真实需求、年级教学进度、自身特点，整合人教版选修教材《中国现代诗歌散文欣赏》中的诗歌部分，进行"现代诗歌"专题学习的课堂改进，并将提升目标进一步聚焦在了 A-4（分析概括能力）、A-5（领会理解能力）、C-2（批判赏析能力）三个二级能力要素上。

2015 年 5 月 13 日，邀请了 EFZ 的 LYH 老师分享了高中语文专题教学理念与策略，他提出，教学内容的选择，学习专题的确定应该从学生真实存在的问题中来，学生的真实问题是教学的源头，是重要的教学资源，也是教学的动力，有着十分宝贵的教学价值。Y 老师深表赞同，并注意搜集记录学生在学习过程中存在的问题，现择要摘录如下：

中国现代诗歌第一轮质疑：走近诗歌

1. 现代诗是否有格式上的要求？

2. 诗歌与散文，同为表情达意的文体，它们各有什么特点？又有什么不同？比之散文，诗歌有什么好处？

3. 为何诗人要用诗歌，而不是用文章表达自己的真实情感？

4. 诗歌要传递给读者一种什么感受？它有别于文章之处在于什么？

5. 为何诗人总把自己的情感通过写景或物表达出来？

6. 在诗歌中常使用一些意象，意象的选择对作者的表达有什么好处？有何作用？

7. 应该从哪些角度去赏析诗歌，能分析得比较全面？

8. 如何准确把握意象背后的意义？如"暖暖"。

9. 诗中总有一些词或内容难以理解，读这些诗应该从什么角度入手？

10. 如何读出诗歌的感情？

……

"中国现代诗歌"第二轮质疑：25 首诗歌解读

【第一单元】(生命的律动)

《天狗》

1. 这首诗属于哪种派别？

2. 感觉语言不是很美，为什么入选课文？

3. 为什么此诗能作为诗歌部分的第一篇？诗歌中心是什么？这首诗到底要表达什么呢？

4. 郭沫若为什么这么激动？

......

【第四单元】(大地的歌吟)

《河床》

1. 这首诗的结构很不规整，为什么也算诗？

2. 昌耀为何把自己比作"河床"？

3. "河床"这个意象有什么特点？

4. 诗人创造"河床"这个形象有什么目的？

......

【第五单元】(苦难的琴音)

《老马》

1. 作者写老马的深层含义是什么？

2. 老马指的是农民吗？

3. 《老马》为什么被那么多人喜爱？

4. 《憎恨》

......

"中国现代诗歌"第三轮质疑："意象"

【意象的概念】

1. 为何说诗歌的基本成分是"象"？象到底是啥(抽象、具象、意象、语象)？

2. 到底什么是意象？意象具体指什么？意象是否就是诗人的情感和物象的

相结合？

3. 意象的特点是什么？

4. 意象的对象具体有什么要求？什么样的事物可以被当作"意象"？

5. 意象是脑海中所成的象，那它来源于作者的生活吗？意象只可能是人物或景色吗？意象可以是时间、地点吗？世间万物都充满感情，那么都可能作为诗的意象吗？

……

【意象的种类】

1. 诗歌意象有哪些？有多少种类？几种体现？

2. 直接意象和比喻意象有什么区别？比喻意象和象征意象的区别又是什么？怎么去判断？

3. 间接意象在诗中会不会让人难以理解或发现？

4. 间接意象分为比喻意象和象征意象，后者更吸引读者耐人寻味，为何不全运用后者？

5. 意象和"意境"有何关系？

6. 将"意象"分这么多类别有何作用？

【意象的作用】

1. 意象有什么作用？意象对于诗，有多重要？为什么诗要有意象？其存在意义是什么？到底是有助于作者哪方面的表达呢？

2. 是不是每首诗歌都有意象？

3. 意象因为具有什么特点而频繁在诗歌中使用，成为诗歌的基本成分？是因为意象能更好地抒发情感，或者增加诗的美感吗？

4. 意象是不是都是为了表达某种情感或精神？

5. 说意象充满感情，是因为它写出来如"一朵花的芳香"，是人在写它是闻到了它的香而且是芳香，说明诗人在当时心情也是愉悦的，所以才充满感情吗？

……

【对意象的分析】

1. 如何赏析诗的意象？

2. 读一首诗时，我该如何通过诗歌的意象来理解作者思想感情？应该把意象与诗歌写作背景相结合吗？

3. 既然意象的含义这么深，那要怎样才能深刻挖掘出诗人用意象所表达的感情呢？特别是那些读都读不明白的诗歌？

4. 如何更好地理解比喻意象和象征意象等较为抽象的意象，从中体会到作者的情感？

5. 意象大多是诗人自己的联想，写出的诗不怕我们读不懂吗？

【意象的运用】

1. 一首优秀的诗歌是否必须运用意象？没有意象就不可以成诗吗？

2. 在现代诗与古典诗词中，运用意象的方法是否有所不同？

3. 为何中西方诗人选取有底蕴的意象时，会有"梅兰竹菊"与"云雀玫瑰"的区别？

4. 意象适用于各种诗吗？

5. 意象是只能在诗歌中运用吗？

……

"中国现代诗歌"第四轮质疑："语言"

【诗歌语言整体质疑】

1. 语言为何要分为不同种类？不同的语言在表达情感上是否也会不同？

2. 诗歌一定要注意语言吗？

3. 诗歌语言和普通语言（散文语言、实用语言）有什么不同？

4. 诗歌一定要具备多义性、跳跃性、可感性、音乐性四个特征中至少一个吗？除了这四个特点，诗歌还有其他共同的特点吗？现代诗歌常具备这四个特征中的哪几个？

……

【诗歌语言多义性】

1. 在某种情况下，诗歌的多义性难道不会被读者误解吗？

2. 诗歌语言的多义性是否可能让人不好理解作者想表达的意思？

3. 有时不小心会对诗歌语言过度解读，如何正确解读诗歌语言，避免过度解读？

……

【诗歌语言跳跃性】

1. 什么是诗歌语言的跳跃性？

2. 为什么跳跃性是诗歌重要特点？是因为其他文体都难有这个特点吗？

3. 诗歌语言为何要跳跃呢？跳跃性有时令人费解，为何还被应用？

……

【诗歌语言可感性】

1. 诗歌语言的可感性指诗歌的形象和立体之感，但在跳跃性中又给人抽象之感，这样的表达难道不矛盾吗？

2. 跳跃性和可感性之间是否矛盾？

3. 可感性的"感"都包括哪些？

【诗歌语言音乐性】

1. 所谓音乐性，可否理解为"情绪跌宕起伏（内在音乐性）、叹词数量多（外在音乐性）"？

2. 诗歌语言不仅要透露诗人深藏的含义和优美，还要在语言上注重音乐性吗？

3. 是否所有诗歌都有音乐性？

……

在中国现代诗歌的第四轮学习中，YYG 老师将教学重点集中于"诗歌的语言美"，并将学生的真实问题归为语言多义性、跳跃性、可感性、音乐性四类上。她以《也许——葬歌》《天狗》《河床》《秋歌——给暖暖》为载体，组建了题为"现代诗歌音乐美的内外呈现"专题内容，并进行试讲。试讲结束后，作为指导教师的 LYH 老师作了整体点评，并提出了几点改进建议，如下：

YYG 老师这节课经过了精心准备和认真研究，围绕现代诗歌的音乐美这一主题，选择了《也许》《秋歌》《天狗》《河床》四首有代表性的新诗，组织学生展开对诗歌音乐性的研讨。在前期准备和授课过程中，能够充分调动学生开展朗诵、鉴赏、创作等多种学习活动，对诗歌的音乐性进行感受、分析、体验和实践，较好地发挥了学生的主体作用。课堂教学过程清晰、气氛活跃、点拨到位，体现了教师扎实的驾驭课堂的基本功。学生在朗诵诗歌和模仿创作的过程中，也展示了自己的才华，部分学生体现出较高的文学素养和发现、创新的能力。

本课可待商榷的问题如下：第一，是在学理上需要对选题进行更深入的探究。什么是诗歌的音乐性，什么是诗歌的音乐美？这是两个比较空洞、浮泛的概念。诗歌和音乐是两种不同的艺术表现形式。一般意义上的诗歌的音乐性，强调的是诗歌在诵读过程中由于押韵、句式、节奏顿挫而产生的内在节律，这种节律与音乐的旋律是有相似之处的，主要是通过朗诵尤其是配乐朗诵表现出来的。本身并不属于诗歌鉴赏的范畴。广义来说，好的文学作品都具有音乐性。因此，音乐性、音乐美与文学作品之间，只是在义理上相通，并不是某种文体必然具备的特性。诗歌的韵律之美，是用文字建构起来的，将其归结为"音乐性"不如称之为"韵律美"。整堂课老师对音乐性的解释，始终显得牵强、生造。没有统一的标准和清晰的问题。以如此宏大而且模糊的一个概念作为主题，让学生就几首诗进行讨论，难免陷入无所适从的尴尬。第二，本课的设计比较简单、重复。以音乐性作为主题，把四首诗串联起来，然后一篇一篇进行分析，缺少篇章之间就同一个问题的深入比较，更像是同一个主题下四节小课的简单串联，而不是一个深入探究的专题学习活动。学生形成的认知和体验始终在同一个思维强度，比如外在的韵脚、句式、结构，比如内在的感情，等等。第三，教师预设的内容太多，授课的范围太大，说教气氛较强，学生表现出很好的生成性观点时未能与其即时对话，碰撞出思想的火花。

Y老师第一次进行专题教学的尝试，能在短时间内做出这节课，已经表现出很好的教学素养，由于选题、选文的原因造成的上述问题，可以理解。建议在今后的教学实践中，对所教的内容，要做学理上充分的论证，在查阅大量文献材料的基础上，博观约取，深明其义，这样目标更明确，内容更科学，效果也会更好。

仅供参考。

YYG 老师在 LYH 老师评课建议的基础上，将诗歌的"音乐性"调整为"韵律美"，修改、完善了相应的教学环节和教学活动，形成了如下《新诗亦如歌——"现代诗歌韵律美的内外呈现"》教学设计终稿，并于 2015 年 6 月 3 日面向 H 区、C 区、F 区兄弟学校及教学改进指导专家举行了公开课。

新诗亦如歌
——"现代诗歌韵律美的内外呈现"

【教学目标】

体会到韵律美对于诗歌的重要性，学会从韵律美的角度鉴赏诗歌，提高现代诗歌感悟、鉴赏力与个人诗歌审美情趣。

【教学重点】

鉴赏现代诗歌内在韵律美。

【教学难点】

体会现代诗歌内外韵律美的和谐统一。

【教学过程】

一、导入新课

二、鉴赏诗歌音乐性

1. 为什么觉得《也许——葬歌》最具韵律美？

学生朗读、感悟、鉴赏。

学生在感知《也许》韵律美基础上，明确诗歌韵律美内涵。

2. 有同学认为《天狗》无美感，它有无韵律美？如有，其韵律美如何体现？

学生朗读、感悟、鉴赏。

3. 再读不被关注的《河床》，有无新的发现？从韵律美的角度谈谈感受。

学生朗读、感悟、鉴赏。

学生在鉴赏三首诗歌韵律美基础上，小结鉴赏诗歌韵律美方法。

4. 如何在朗读中表现诗歌韵律美？（以《秋歌——给暖暖》为例）

学生结合朗读经验谈。

学生谈自己的《秋歌——给暖暖》朗诵方案，并诵读。

5. 如何在诗歌创作中表现韵律美？

学生谈自己认为最具韵律美的诗作并阐释理由。

学生结合自己的创作，谈谈如何表现诗歌的韵律美。

6. 课堂小结

三、布置作业

（略）

【课例点评】

让学生朗读、感悟、鉴赏《也许——葬歌》《天狗》《河床》《秋歌——给暖暖》四首诗歌，能够引导学生通过体味重要词句的含义及其在语言环境中的作用来理解这些作品的内容、深层含义，体悟其所蕴含的文学文化内涵；也可以让学生通过批判赏析文本中蕴含的民族心理和时代精神，加深对人类社会生活和情感世界的认识和思考；通过批判赏析课内外文本的思想内容、结构安排和语言表达，以达到举一反三，运用汉语言文学的规律丰富积累、拓展运用。让学生判断这四首诗是否有韵律美，哪一首最有韵律美，能更直观地启发学生对所阅读内容有自己的感受、领悟和评价。

这个课例的教学目标是学生学会从韵律美的角度鉴赏诗歌，鉴赏角度在教学过程中十分明确，而达到这一教学目的的方法也得以呈现：学生在感知《也许》韵律美基础上，明确诗歌韵律美内涵；学生在鉴赏三首诗歌韵律美基础上，小结鉴赏诗歌韵律美方法；学生结合朗读经验谈；学生结合自己的创作，谈谈如何表现诗歌的韵律美。这样，通过这节课，学生不仅学到了静态的知识——韵律美的概念和诗歌语言的特征，同时也体验并总结了鉴赏诗歌韵律美的方法。

综上所述，该课例通过诗歌语言的韵律美这一切入点构建专题学习，在解决学生现实存在的一类问题的同时，希图有目的、针对性地改进学生对中国现代诗歌的领会理解能力与批判赏析能力。

公开课结束后，参与听课教师从多个角度对 YYG 老师这一课例进行了点评和研讨。RDFC 学校的 G 老师谈到：

这节课对学生的促进非常明显，读写品三位一体，全方位、多角度对学生的知识结构、情感培养、思维提升、能力训练都起到了非常明显的刺激作用。

在整个教学中，学生的回答也非常好，当然，能教到这样一批学生也非常幸福。另外我感觉这个课堂特别真实，包括学生回答问题时思维的堵塞，学生对一些问题的争议，都会看出这是一堂真实的课，是一堂原汁原味的课，也是一堂带给我们很多思索的课。

为什么能做到这样呢？学生本身的素质非常好，老师的引导也是很重要的一个方面，老师的引导固然有一些外在的、具有实操性的手法和方式，而另一方面我感觉到老师在引导过程中，在和学生的交流过程中，在师生的对话和碰撞过程中，给学生的是一种唤醒、激发、点燃。我觉得这堂课对学生的影响不只是这四首诗，更重要的是影响学生的心灵和灵魂，影响学生这一辈子对诗歌的情感。这也不是一篇单篇的诗歌教学能做到的，是一段时间的诗歌专题带来的冲击力，很多过程抓住了我的心，我想也抓住了学生的心，这节课我学到了很多，也受到了很多启发。

原 YD 中学的 L 老师也分享了她的体会：

第一，这节课的教学目标非常明确，培养学生的鉴赏能力。在我们平时教学当中，现代诗歌教学往往被淡化，所以我觉得现在新的高考形势对学生的终身发展，对语文的审美能力提高很有帮助。

第二，这节课的构思特别好，通过从学生阅读诗歌到朗诵诗歌，最后到创作诗歌，来体现出学生如何感悟、理解、鉴赏诗歌的韵律美。

第三，对于学生最喜欢的诗歌，老师要引导其向纵深处发展，让学生对诗歌有一个理性的鉴赏，明白这首诗歌为什么好，究竟好在什么地方。《天狗》学生可能觉得很直白，一望全知，老师要通过引导让学生体会到这首诗在韵律上的魅力。很多学生不喜欢《河床》，老师的功效就是要让学生接触它、理解它，甚至能够品味它，最终可能会爱上它，我觉得这节课这个任务完成得特别好。

BJ 市 H 区教师进修学校的 Y 老师从 H 区教学改进的角度对 Y 老师的课例进行了点评：

在深化教育领域改革的大背景下，未来高中的教学方式会发生变化，如学科内容的整合方式。Y 老师这节课将每个专题串起来，形成了一个大的面，大的体，比以前的课堂做得更深更透。学生从小学到初中到高中，能力提升到了一定程度，所以我们的教学方式也应该随之发生变化。当然，这个对老师的要求非常高。

从操作层面，我觉得今天做得特别有价值的地方是学生的学习、研讨、体验、品味、感悟、欣赏和探究都是和真实学情相匹配的。

Y 老师充分挖掘了现代诗歌的独特教学价值，围绕学生的读、品、创作设计教学，这样的探索比较有前瞻性。

然而，世界上没有十全十美的课堂，我们也看到了这节课堂中，学生对专题教学存在着不适应，有的活动没有充分展开。顺便建议去掉第四个环节，顺着第三个环节中学生朗读《河床》的高潮，切入诗歌的韵律美。另外，这节课在提升学生核心素养与关键能力上下了很大的功夫，但还有一些小细节有待改善，比如读《也许》的时候，可以尝试着让学生从整体分析这首诗，而不是仅盯着其中的一节。

2015 年 9 月 20 日，在 ZG 中学 QH 校区举行了项目总结会，YYG 老师对其参加"促进中学生核心素养与关键能力提升的课堂改进"项目的过程进行了回顾和反思，以下是其部分发言内容：

经过一个学期的教学改进，我认识到了自己在教学中的缺点与不足，也进一步明确了之后提升的方向。

首先，为学生主动学习的教学设计水平尚待提高。以前，往往只根据教材及预估确立教学目标，设计教学活动，而现在，需要依学生现有水平与质疑确定重点难点，设计教学活动，这就对教师的学情把控能力提出了更高的要求。

其次，对学生语文思维能力的训练尚待加强。学生在课堂上的表现有的分析深刻全面，有的则肤浅零碎，作为教师，应该引导对问题多角度多层面系统性思考，用结构化语言回答。

最后，应不间断在日常语文教学中进行专题教学，专题教学尽管是教学方式的新探索与新尝试，但毋庸置疑，它对提升学生的核心素养与关键能力、系统建构语文知识、养成良好的学习习惯有着显著的作用，只有充分地实践专题教学方式，才能更有效地促进学生素养与能力的提高。

在接下来的教学中，我会加强研究，提升水平，服务学生，继续实践，也愿专题教学之路越走越宽，越走越好……

三、"庄子寓言"专题学习

为了更好地实现中学生学习能力提升的目标，促进教学研究改革和学生发展，GDF 中学参加了 2013 年 9 月由 C 区教育研究中心与北京师范大学合作举行的 C 区中学生学科能力测试项目，报告显示，GDF 中学初、高中学生积累较少，文化底蕴薄弱；学生的创新迁移能力随着年级的增长呈现下降趋势；学生之间的差距较大，在高中阶段尤其明显。

GDF 中学在中学生学科能力测试结果的基础上，结合本校具体情况，将中学生能力改进与提升的目标进一步确定为：(1)注重文化积累，提升理解感悟。(2)进一步培养学生信息提取、分析概括、领会理解能力；(3)关注创新迁移能力。

出于以上目标定位，GDF 中学高二语文教师 ZWX 综合考量学生真实需求、年级教学进度、自身特点，认为加强文化积累的培养须从文本入手，更多地给学生分析钻研文本的时间，并给他们更充分的时间进行讨论；为更好培养学生的创新迁移能力，需增加学生对文本意义的自由讨论，以期使学生能够独立思考；针对"本次测试中 GDF 高中学生在水平四和水平一上的分布较集中"这一现象，教学设计应更加关注文章的文学特质，并加以适当的联系，以期在文学和文化的层面做更多的扩展。因此，他以《庄周梦蝶》为主文本，选择《逍遥游》《庖丁解牛》《秋水》《承蜩丈人》《东施效颦》《任公子》等相关材料，进行"庄子寓言"专题学习的课堂改进。

2015 年 5 月 13 日，邀请了 EFZ 的 LYH 老师分享了高中语文专题教学理念与策略，他提出，教学内容的选择，学习专题的确定应该从学生真实存在的问题中来，教与学应以学生面临的问题和真实需求为出发点。在 LYH 老师的指导和启发下，Z 老师注意搜集并记录学生在学习过程中存在的问题，现择要摘录如下：

1. 为什么偏偏是蝴蝶呢？（可不可以换成蜻蜓或燕子？）（蜜蜂不行么？）（而非鲲鹏？）（而不是别的？）

2. 为什么庄周分不清自己变成蝴蝶还是蝴蝶变成庄周？

3. 为什么做了个梦他就不知道自己是庄周还是蝴蝶？

4. 庄周为什么为"惊疑"？含义是什么？

5. 为什么庄周梦见蝴蝶后"自喻适志"？他的志是什么？

6. 为什么庄子梦见自己变成蝴蝶就得意(高兴)？

7. 为什么梦醒之后没有马上明白自己在做梦而是怀疑蝴蝶梦见变成了自己？

8. 什么是"物化"？

9. 梦所有人都做过，但是对于梦境与现实却分得十分清楚，庄子为何会有分不清的情况？

10. 文中的"大道"指的是什么？

11. 庄子希望精神如蝴蝶一样自由，可身处现实社会中无法获得那样的自由，所以会"不知周之梦为蝴蝶与?"还是"蝴蝶之梦为周与?"

12. 大道怎么时而化为庄周，时而化为蝴蝶？二者有怎样的联系？大道指的是什么？

13. 最后庄周认定自己为人还是蝶？

14. 物化与全文是什么关系？

15. 为什么庄周分不清梦与现实？为什么要变成蝴蝶？

16. 蝴蝶哪里轻盈了？

17. 日有所思，夜有所梦，庄子的梦是表达了他的渴望么？如果是的，那么他又为什么想变成蝴蝶，而不是大鹏，到最后甚至分不清现实与虚幻，为什么他梦到自己变成蝴蝶后"自喻其志"了？

18. "不知周之梦为蝴蝶与，蝴蝶之梦为周与？"作者为什么这么写？庄周到底是"蝴蝶"还是"庄周"？抑或在二者间徘徊？他是因为发觉自己是庄周而害怕吗？是因为发现自己原来如此沉重而惊恐吗？

19. 蝴蝶是代表思想上的自由吗？

20. 庄周与蝴蝶有什么共同之处？

21. 作者写这篇文章想说明什么？

2015 年 5 月 27 日，进行集体备课，LYX 老师为庄子寓言专题的确定提出了宝贵意见：

《庄周梦蝶》，感觉本课有专题的意思，但还不够明确。建议能否就以"了解庄子的'齐物论'及在其寓言中的体现"作为专题的题目。这样，"齐物论"（高中生能做到了解即可）既得到突出，范围也相应缩小（限于庄子寓言），专题的针对性也更强一些。为了进一步了解庄子"齐物论"，可以与儒家做点比较，可以说说后世所受的影响。设计流程，可以考虑先从《庄周梦蝶》《濠梁之辨》《沉鱼落雁》等入手，让学生了解"齐物论"的主要内涵，即庄子认为世界万物包括人的品性和感情，看起来是千差万别，归根结底却又是齐一的；之后，再找一篇体现儒家"众生平等"的作品（可以是学过的，也可以是没学过的），让学生自己分析其与庄子的不同，进一步体会庄子的"齐物"思想；最后，可以说说"齐物论"对后世的影响。

在较为全面地了解了学生的问题和困惑，并认真听取 LYX 老师的改进建议后，ZWX 老师将该专题教学的切入点确定为庄子的"齐物论"思想，希图以该思想贯穿起整个专题的学习，同时形成了如下《庄周梦蝶》教学设计终稿，并于 2015 年 6 月 17 日面向 H 区、C 区、F 区兄弟学校及教学改进指导专家举行了公开课。

庄周梦蝶

【教学目标】

1. 知识与技能

(1)能够从言语形式入手分析表达者的认识、态度、情感和思想。能够吸取庄子思想的营养，以利于更健康、快乐地生活。

(2)具备初步专题式学习的能力，利用不同的材料用归纳的方法认识作者的思想和文章风格。

2. 过程与方法

(1)以对照的方式引导学生初步认识庄子的齐物论思想。通过表达方式的比较发现作者的思想认识与情感态度。

(2)通过拓展材料初步认知庄子的齐物论思想。

(3)通过讨论交流的方式谈齐物论的现实意义。

(4)通过所学庄子寓言归纳庄子文章的特点。

3. 情感态度与价值观

(1)初步认识庄子齐物论思想。

(2)树立万物平等、尊重生命的意识。

【教学环节】

一、导入

1. 比较表述方式的不同，发现文字背后的思想认识。

周之梦为蝴蝶与，蝴蝶之梦为周与？

昨晚，我梦见我变成了一只蝴蝶。

对照这两种不同的表述，说一说你的思考。(同学讨论交流)

2. 这个选择关系的复句写出了庄周怎样的心态？文中哪两个词互相照应？

设计意图：从言语形式入手进而发现形式所表达的思想内容，由此初步理解庄子齐物论思想。

二、认识齐物论思想

1. "沉鱼落雁"成语典故，引出庄子本意的阐释。

2. 为了理解齐物论思想，我们看看庄子的一段文字：

"民湿寝则腰疾偏死，鳅然乎哉？木处则惴栗恂惧，猨猴然乎哉？三者孰知正处？民食刍豢，麋鹿食荐，蝍蛆甘带，鸱鸦耆鼠，四者孰知正味？"（《庄子·齐物论》）

设计意图：这部分内容为教师补充，由教师讲授，目的是让学生通过归纳的思维方式较为充分地认识齐物论思想。

3. 请大家回顾庄子的《濠梁之辨》，思考鱼的快乐。

设计意图：引庄子的寓言来验证学生对庄子齐物论思想的理解情况。

4. 举例说明庄子对后世的影响

在庄子的眼里宇宙不是一个冷漠的存在，不是一个无情的世界，是一个诗意的充满温情的世界，在这个世界中所有的事物都是齐同的。

辛弃疾："我见青山多妩媚，料青山，见我应如是。"

李白："相看两不厌，唯有敬亭山。"

这种与自然之间的温情正是从庄子继承而来，也形成了中华文化的特质。

李清照："水光山色与人亲。"

刘亮程："是否一个人脑中的奇怪想法让草觉得好笑。"

设计意图：从源流的角度看庄子思想的影响，并与西方文化的对比中发现不同，以期引起学生对文化的深层思考。

三、这个浪漫的故事给我们带来怎样的启示？（讨论交流）

设计意图：课程标准要求："从文本中发现新意义，获得对优秀作品常读常新的体验；学习用现代的观念和发展的眼光审视古代作品的内容和思想倾向，提出自己的看法。"这一设计引导学生落实课标的这一要求，做到学以致用，在情感态度价值观方面对学生进行影响。

四、庄子文章的艺术特质

1. 庄周梦蜜蜂行还是不行？试作分析。（讨论交流）

明确：根据庄子齐物论思想是可以的，因为万物齐同，甚至生死齐同，夭寿齐同，美丑齐同。庄子笔下也有许多的残疾人物，他认为这些不过是大自然赋予的不同形态而已。（举例）

但是根据庄子文章的文学之美又是不可以的，为什么呢？因为文学用美的意象来表达思想和情感，庄子选用蝴蝶与宝钗扑蝶、梁祝化蝶以及歌曲《两只蝴蝶》的作用是一样的，翩翩起舞的蝴蝶是美的象征。从这个意义上看，我们完全可以说庄周是一位诗人。

设计意图：通过讨论使学生深入理解庄子文章的艺术特质，使学生在水平四上有所提高。

2. 佛家也讲"众生平等"，也有一些故事，但多有说教气。远不如庄子的故事浪漫、脱俗，甚至好玩。请同学回顾一下我们通过庄子专题所学到的文章，归纳庄子文章的特质。

师生一起回顾《逍遥游》《庖丁解牛》《秋水》《承蜩丈人》《东施效颦》《任公子》中的形象。

明确：这位了不起的庄周先生用这一系列鲜明、独特而又意蕴丰富的形象表现了他深刻的思想，启迪着后人，又给了我们美的享受。

五、课堂练习

一句话评述：

庄周 _____ 。

或《庄子》 _____ 。

　　设计意图：以课堂练习的形式进行小结意在通过这一练习检测学生的学习效果并在此基础上进行归纳以形成提纲挈领式的板书。

　　明确：庄子的寓言"空言无事实"，辅以生动的细节描写，有情节、有形象、有情感，天马行空，仪态万方，使《庄子》一书带上了五彩斑斓的文学色彩。从这个意义上庄周是一位诗人或文学家。闻一多说："庄子是一位哲学家，然而侵入了文学的圣域。"可以说庄周本质上是一位哲学家，而其作品却极具文学性。

　　附板书：

庄周梦蝶

诗人哲学家

【课例点评】

　　让学生比较表述方式的不同，发现文字背后的思想认识，其实在引导学生通过体味重要词句的含义及其在语言环境中的作用来理解作品的内容、深层含义，体悟作品所蕴含的文学文化内涵，以进一步理解领悟谈话对象的真实观点和意图。"这个浪漫的故事给我们带来怎样的启示呢？"这样的讨论交流活动，旨在让学生从文本中发现新意义，获得对优秀作品常读常新的体验；学习用现代的观念和发展的眼光审视古代作品的内容和思想倾向，提出自己的看法。

　　"举例说明庄子对后世的影响"，这一教学活动能够帮助学生建立新知识与旧知识之间的联系，让学生举一反三，运用汉语言文学的规律丰富积累、拓展运用，从而提升发散创新能力。

　　庄周梦蜜蜂行还是不行？这个问题颇具思辨性，也直接指向学生对庄子齐物论思想的理解。这样的问题设计精到且巧妙，既在阅读材料和学生的生活体验之间架构了桥梁，也能够启发学生对阅读材料有自己的感受、领悟与评价。

　　请同学回顾庄子专题所学到的文章，归纳庄子文章的特质，并用一句话评述庄周或《庄子》，其意义在于让学生分析概括文本的主要内容、思想情感和写作特点，区分各类作品，概括庄子寓言的基本特征，同时也训练了学生简洁表达的能力。

整个课中，Z老师在带领同学一起研讨庄子齐物论思想的同时，也给同学提供了多种学习方法：从言语形式入手分析表达者的认识、态度、情感和思想；利用不同的材料用归纳的方法认识作者的思想和文章风格；以对照的方式引导学生初步认识庄子的齐物论思想，做到了既授之以"鱼"，也授之以"渔"。

综上所述，该课例通过庄子的齐物论思想这一切入点构建专题学习，有目的、针对性地提升了学生的分析概括能力、领会理解能力、发散创新能力以及批判赏析能力。

公开课结束后，ZWX老师对其参加"促进中学生核心素养与关键能力提升的课堂改进"项目的过程进行了回顾和反思，并撰写了如下教学札记：

《庄子寓言的梦幻色彩》教学札记

这次参与北京师范大学"学科核心能力培养"课题项目改进计划，我做了庄子专题教学的研究课《庄子寓言的梦幻色彩》，现就备课过程与课堂实施情况反思如下：

一、教师认真读《庄子》及有关著作和论文是备课的基础和起点

半年来，我研读《庄子》，自然远远不能说完全读懂了庄子，但已经从精神上更加亲近了庄子，值不惑之年的我借这次备课的机会对庄子有了更深度的理解。同时，我对庄子文章的文学之美也做了一次梳理，为了较系统地了解庄子文章，我同时研读了一些关于庄子的学术论文，拓展了自己的眼界。如方勇先生的《庄子译注》、傅佩荣先生的《老庄的智慧》、韩林合先生的《虚己以游世》等著作，我还读了《庄子寓言与梦意象的表现性》《庄子——中国古代梦寐说与梦文学的奠基人》《游走在梦与美之间——〈庄子〉中四个寓言与梦境精神》等，这些对我整体上认识庄子及其文章有极大的帮助。

二、集体备课给了我启发与帮助

两次在北师大集中备课，诸多老师在宏观和微观上都给予了启发和思考。但困难在于专题性怎么突出？我始终没有思路，LYX主任、HY教研员、EFZ的

LYH 老师关于切口要小，牵一发而动全身的专题思想始终在我头脑里回响。BYY 老师关于教学环节简而又简，主线要至简明的思想也和各位老师的意见合二为一了。在我思考不清晰的时候，B 老师拿出了他在语文期刊上发表过的文章给我看，我明白了设主问题，切口要小的具体含义。B 老师一向如此，总是在我们到了"愤"才启，到了"悱"才发。在我没有经过认真思考时，他看起来像是"吝惜"自己的想法，在我百思不得其解时，他才予以点拨，而且点拨得那么热情，以至于他自己都激动起来。

"讲庄子不能是思想哲学课。"因为多次的对话，我设想 B 老师可能会这样想。

"讲庄子最好避开庄子的思想。"我想起 YSM 老师的话。

"我同意 Y 老师的说法，但不应该避开，也避不开。"集体备课回来的路上 LYH 老师说，"庄周的梦蝶能不能和《红楼梦》比较？算了，太难了。"

北师大的 WBH 老师及时地发来了一些关于庄子的论文，其中一个研究者名叫郭彧，他说："我们也可以将《庄子》中的不少篇章都看成是梦言梦语，并在这样一种体道之途中进行一场思想的逍遥游。"

能不能以"梦"为切口研究庄子寓言呢？

就这样，又经过几易其稿，《庄子寓言的梦幻色彩》成形了，我通过调查问卷的形式确定了四篇寓言《浑沌之死》《髑髅见梦》《任公子钓鱼》《庄周梦蝶》，其中两篇有"梦"，两篇没有"梦"，用郭彧的这句话关联起来，总结出庄子寓言的梦幻色彩。

最后的修改是关于教学设计环节的表述，B 老师看后感觉不够简明，并拿出一些教学设计和他本人发表的教学设计来比给我看，茅塞顿开。这样，我在那天晚上经 B 老师指导回家时心情是愉快的，也是轻松的，因为教学的三个环节已经形成了：1. 学习有"梦"的寓言两则；2. 学习似"梦"的寓言两则；3. 总结庄子寓言和"梦"的联系。而这些内容我是清楚的，学生要问的问题和他们的学习程度我也是清楚的。

在 BYY 老师的指导下，我对教学目标的表述和教学流程的简化方面有了深刻的认识，这是一个由博返约的过程。

三、从学生的问题与思考出发做好教学设计

我正式的教学设计写出来较晚，在和学生们一起学习庄子的过程中，我不断地设置问题，通过这些问题的设置，一方面了解他们的兴趣与疑问，随时补充他们知识上的不足；另一方面促使学生自主学习，积极思考。对于学生提出的疑问，没有明确地告诉学生答案，而是通过补充内容逐个突破认识上的难点。比如学生读《髑髅见梦》，他们完全不理解庄子对生死的思考，我于是讲了刘向的《战国策书录》，学生很容易地理解了庄子对生死的思考；学生对齐物论思想很陌生，我专门讲了《齐物论》选读，并组织学生在课上讨论了齐物论思想的意义，比较了齐物论与儒家"己所不欲，勿施于人"的不同境界；学生对庄子寓言的荒诞性不理解，于是我在课堂上引导学生认识荒诞作品的现实意义，和他们一起梳理了《聊斋志异》《红楼梦》《变形记》等作品，又让学生读鲁迅先生《狗的驳诘》一文的开头，续写之后和鲁迅的文章对照，他们从后文狗的开口说话感受到荒诞作品反映的恰是深刻的社会现实；为了充分认识庄子寓言的特质，我给学生选读了十多则韩非和孟子的寓言故事，在比较中学生自己发现了其中的不同。

四、贴近文本，使学生从中发现自己读出东西的乐趣

BYY老师的话时常在我头脑中闪现：让学生多在文本中走几个来回。学生从文中的字词入手，发掘作者的思想感情也大大激发了他们的兴趣，如对"栩栩然""蘧蘧然"的分析，对"不知周之梦为蝴蝶与，蝴蝶之梦为周与"的分析都十分成功。在此基础上，我又提出一个问题：根据你目测，庄子使用重复最多的词是什么？在学生充分思考之后，我介绍了自己的统计数据：仅作为副词或形容词词尾这一意义在《庄子·内篇》和《庄子·外篇》出现中的"然"就有 98 次之多。仅 62 个字的《庄周梦蝶》中就出现了三次。"梦"也反复出现，而且我们已经发现即使没有写梦的文章也具有梦幻色彩。特别值得注意的是梦是虚幻的，而"然"却写出了细节，这是庄子的伟大处之一。

五、有待改进的问题还有很多

一是前松后紧。前面讨论有些沉闷，也有些冗余，以致后面部分为了完成任务，教师自己讲得较多，不少内容并非学生课堂生成，在不得已的情况下为了保

持教学的完整性还省略了一篇寓言。二是有做课的痕迹。学生年龄小对庄子思想理解有困难，加之理科学生对庄子文学之美理解不够，这种情况下，老师做了一些前期工作，补充了一些材料。这在平时的教学中是做不到的。三是学生的参与范围不够。学生水平不一，有一部分学生没有发言，也有几名藏族学生在理解上有困难，这节课于他们收获不大。有一名学生声明不喜欢庄子，对这样花时间和精力学习庄子有些反感。这也给我提供了一些思考：分层教学如何进行？个别生如何转化？传统文化如何适应新时代的需求？

和学生一起问几个"为什么"

——《庄子寓言四则》文本解读

这里的庄子寓言四则指的是我在庄子寓言专题教学中选定的《庄周梦蝶》《髑髅见梦》《任公子钓鱼》《浑沌之死》四则寓言。这次专题课的题目是"庄子寓言的梦幻色彩"，所选四则寓言中的前两则是直接写到梦的，后两则虽没有写到梦，但也是庄子寓言中的代表性作品，其内容的荒诞与手法上的浪漫色彩具有"梦"的特征，这个组合意在说明庄子文章的文学之美。正如庄子研究者郭彧先生所说："我们也可以将《庄子》中的不少篇章都看成是梦言梦语，并在这样一种体道之途中进行一场思想的逍遥游。"

这次专题教学过程中，我始终坚持少讲多问，引领学生思考为什么。

（一）为什么庄周梦到的一定是蝴蝶？

《庄周梦蝶》是《庄子·齐物论》的最后总结，庄子在阐述了齐物论思想之后有意为我们呈现这样一个生动的梦境，蝴蝶在庄子的梦中栩栩然飞舞，而且是"自喻适志"。这使我们想到《庄子·秋水》中庄子和惠施关于鱼之乐的辩论，在这场辩论中鱼之乐的问题并没有确定，但这场辩论可以看作是庄子对齐物论的思考，正是因为庄子认为鱼可以是快乐的，而惠子认为鱼的快乐我们并不知道，一般人认为惠子是在逻辑上正确的，庄子是诗意的。其实庄子超越了简单的诗意，达到了哲学的高度，即鱼既是快乐的，也是我们无法知道的，只不过它的快乐与我们不同而已，我们无须求同，也不必强行知道。因此，我们可以把濠梁之辩看成思考过程的生动展示，把庄周梦蝶看成是思考所得的结论。在庄子的梦中（这个梦即是庄子的哲学世界），他已经"蘧蘧然"地"不知周之梦为蝴蝶与，蝴蝶之梦为周与"了，这是庄子齐物论思想的形象表达。

为什么一定是梦呢？因为只有梦境才能达到哲学的高度，人类现实的问题从来不是哲学的。而庄子一贯喜欢用故事的形式表达其哲学思想。为什么一定是蝴蝶呢？既然是表现齐物思想，选择一个并不美的事物不也可以吗？比如蚂蚁甚至臭虫，这样表现齐物不会更彻底么？这必须从庄子文章的文学性上寻找原因，庄子文章是讲美的。除了表达深刻的哲学思考外，他十分注意呈现出美丽来。也正因为此闻一多先生才盛赞他说："庄子是一位哲学家，然而侵入了文学的圣域。"

美的事物也很多，为什么一定是蝴蝶呢？例如燕子早在《诗经》中就出现，如"燕燕于飞，差池其羽。之子于归，远送于野。瞻望弗及，泣涕如雨。"美国学者爱莲心关于《庄周梦蝶》有一个说法："蝴蝶有五个特征：美的象征；变形的形象化比喻；从蛹到蝶的转化特别有趣；短暂易逝；好玩。"我们认为她的解释有一定的道理，但有一点脱离了庄子的语境。如爱莲心说庄子之所以选择蝴蝶这一意象原因之一是它"好玩"，那么，蝴蝶之外好玩的东西也很多，如燕子就十分典型，这在古今中外的文学作品中数不胜数。选择蝴蝶这个意象来表现齐物论思想除了它本身较燕子更弱小之外，更因为蝴蝶生命短暂，这与庄子对人生短暂的感悟更为接近，此外，蝴蝶有一个破蛹而出的过程，这个过程和人类的成长有相似，大凡爱思考人生的人总会有思想上脱离旧我的意识，这一点正与蝴蝶破蛹而出相同。

总之，蝴蝶与哲学思考高度契合，这个生动的梦带给我们诸多思考，从哲学的高度关注人生，庄子梦中的首选非蝴蝶莫属并非偶然。

(二)为什么亲近吓人的髑髅？

庄子的言行真是匪夷所思，他竟然疯疯癫癫地与髑髅对起话来，末了还拉过髑髅枕着睡觉。那么，庄子为什么亲近吓人的髑髅呢？莎士比亚在《哈姆雷特》中特意安排老国王的灵魂显灵却并不写白磷磷的髑髅。更为可怕的是晚上髑髅还进入了庄子的梦中，于是有了一场其他一切文学作品中都难得一见的绝妙对话：

髑髅："子之谈者似辩士。视子所言，皆生人之累也，死则无此矣。子欲闻死之说乎？"

庄子："然。"

髑髅："死，无君于上，无臣于下；亦无四时之事，从然以天地为春秋，虽南面王乐，不能过也。"

庄子："吾使司命复生子形，为子骨肉肌肤，反子父母妻子闾里知识，子欲之乎？"

髑髅："吾安能弃南面王乐而复为人间之劳乎！"

庄子通过形象鲜明的髑髅把我们所害怕的死亡真切地呈现出来，使我们近距离地感知死，他的目的是什么呢？从常理上看，人越是感觉到生的痛苦才越是亲近死。庄子所处的时代是一个"捐礼让而贵战争，弃仁义而用诈谲"的社会，同时因为深刻地思考人世的苦难后看透了人生，从而达到了超脱与自在的境界。因而庄子才能把死真切地呈现出来，在他的笔下髑髅并不令他感到恐惧和厌恶，这反衬了现实的人生是怎样地让人痛苦。清醒地认识现实是庄子超然达观的基础。改成"灵魂"使得"死"变得抽象，对人心灵的震撼就大为减弱，也就削弱了寓言的主旨。

（三）浑沌为什么会死？

首先，我们需要了解谁是浑沌。浑沌，中国古人想象中天地未开辟以前宇宙模糊一团的状态，这是一种原始、自然的状态。那么，它为什么被"日凿一窍"后就死了呢？"七窍"指头面部七个孔窍，即两只眼、两个耳、两个鼻孔、一张口。"七窍"一开，人就变得聪明了，于是欲望四起，比如古人说耳聪目明，今人也说"开窍"。总之，人一聪明就会远离原始自然的状态，"浑沌"就死掉了。庄子告诉我们：人类变得聪明并非好事情，不如保持原始的本真。为什么聪明不好呢？还要从庄子所处的时代说起，刘向在《战国策书录》中说："仲尼既没之后，田氏取齐，六卿分晋，道德大废，上下失序。至秦孝公，捐礼让而贵战争，弃仁义而用诈谲……父子不相亲，兄弟不相安，夫妇离散，莫保其命，湣然道德绝矣。"除了战乱的因素，聪明带来的欲望本身也会使我们丧失很多美好的天性，影响健康的生命。比如老子说："五色令人目盲，五音令人耳聋，五味令人口爽，驰骋田猎，令人心发狂。"庄子继承老子，一样主张自然无为的生命状态。这种顺应自然，保持无为才是大道，因此浑沌才是"中央"之帝。浑沌之死包含了庄子对大道不行的感慨与叹惜。

事实证明，人类正在变得越来越聪明，自以为是地走在越来越异化的路上，好在越来越多的人意识到这种危机，苦苦地探寻，以期找到救赎的路。读庄子的这篇寓言或许给我们一些启示，但愿人类能够回归，但愿浑沌不死！

（四）任公子为什么能钓到大鱼？

世人要怎样驰骋自己的想象才能理解庄子笔下的形象呢？任公子钓鱼竟然用五十头牛做饵，他蹲在会稽山上把竿投向东海，一钓就是一年，是什么力量支撑他在寂寞的日子里静坐于山巅的呢？他的怪异行为可曾引起过世人的嘲笑吧？四季的风霜雪雨中他是如何度过的？他的内心可曾动摇过？

庄子笔下这个亘古未有的形象引发了我们无尽的遐想。遐想越多，我们越是能理解为什么只有任公子才能钓到大鱼。苏轼在评论留侯张良时说："天下有大勇者，卒然临之而不惊，无故加之而不怒，此其所挟持者甚大，而其志甚远也。"任公子钓大鱼和张良成就伟业一样，因为他们都有甘于寂寞的耐心，有胸怀天下的气魄，有不畏人言的大勇，有笃定不变的信念。

这样一个神奇而生动的故事一旦与我们对人生的思考联系起来，就有了意义。读这篇梦幻般的寓言，我们的心胸为之开阔，我们的理想为之高远。庄子并没有说教，而是呈现给我们这样一个美丽而浪漫的故事，令我们回味无穷。

第七章

基于学生核心素养的语文
学科能力研究的结论与启示

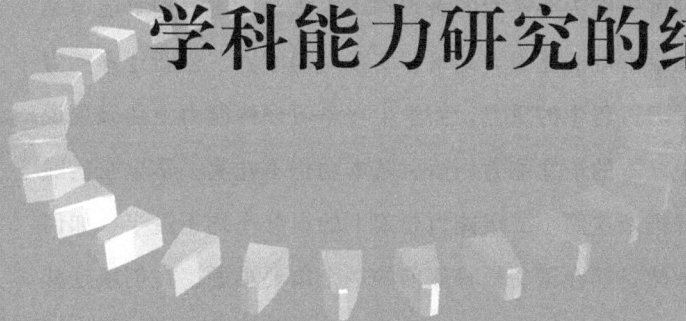

第一节 语文学科能力测评研究的结论与启示

一、结论

从测试的核心能力来看，以 SZ 市十年级学生为例，其在学习理解各二级能力要素上的表现不均衡，位于较低层次的观察注意能力表现较好，但在记忆、信息提取、分析概括、领会理解等能力要素上的表现均不容乐观。学习理解能力是学生进行语文学习须具备的最基础的能力，是培养实践应用能力、创新迁移能力的必要前提条件，是语文学习过程中的重点，而学生在学习理解能力上的表现说明了许多学生并没有形成最基本的语文能力，语文基本功仍不扎实。学生在实践应用能力下应用交际、解释推断这两个二级能力要素上的得分率均不过半，如何提升学生的实践应用能力依然是摆在语文教育面前的一个重要难题。在创新迁移能力方面，18％的学生处于 D 水平，不能在语文学习和实际生活中建立联系。37％的学生处于 C 水平，能够在语文学习和实际生活中建立联系。35％的学生处于 B 水平，能够对身边的事物和现象有自己的看法、领悟和评价。11％的学生处于 A 水平，能独立思考与质疑探究，并批判性地评价、吸收传统及当代多元文化。

从测试的内容主题来看，在积累主题上，学生的表现普遍较差，水平 D、水平 C 人次比高达 80％。优秀诗文、经典名著是人类历史长河中积淀而成的重要文化遗产，是中华优秀文化历代传承的精神基因，是学生在漫长语文学习过程中应当获得的，以待在之后的人生中不断被激醒的智慧精华。而优秀诗文、经典名著本身所具有的长时期积淀性和高耗低效的特点使学生的学习效果难于外显，长此以往，多少会削弱学生的学习动机；同时，这些内容典雅浓缩，指向人的精神世界，在市场化、功利化的社会背景下，与学生的现实生活存在一定距离，从而减少了学生的学习兴趣。这启示我们应该在仔细分析积累主题内容的特性和这一系列复杂社会因素的基础上，对如何开展积累内容主题的教与学进行深入思考。在阅读主题上，高水平人数较少，水平 B 仅有 5% 的学生，而没有学生达到水平 A，即能够对文本进行分析、概括，深入理解文本的内涵，针对具体情境，就相关问题提出合理的解决方案，熟练运用工具书和相关资源解决语文学习中的问题，能独立思考与质疑探究，并批判性地评价、吸收传统及当代多元文化的学生寥寥无几。这启示我们在以后的教学中，须深入探索如何在满足学生主体阅读需求的基础上进行分层教学，进而满足更多学生的个性化阅读需求。在表达主题上，处于 D 水平的学生较多，高达全体学生的 27%，即有将近四分之一的学生书写潦草、格式错误；表达没有核心主题。但需指出的是，被测学生对本次测试的态度多少会是该人次比比较高的一个原因。在数据分析中，我们发现，在 2 万多个样本中，有 20% 的学生只答了试卷中的零星几道题，平均分数在 15 分以下。经过更进一步的分析，我们发现，学生在应用文表达上的成绩不佳，不能依照正确格式和要求进行指定的应用文写作。这也暴露出了我们在教学过程中淡化应用文教学的问题，值得引起注意和思索。

二、启示

（一）注重文化积累，提高文化素养

在 BJ 市 H 区、C 区、F 区中学生学科能力测评与 SZ 市中学生学科能力测评中，积累主题是难度值最低的题目。从能力要素来看，积累主题所考查的能力全部在 A（学习理解）能力层级。主要涉及"A-2 熟读成诵至少 240 篇（段）优秀诗文""A-3 提取基本要素、重要细节和关键语句，从文本中捕捉重要的显性信息或隐性信息""A-5(1) 理解作品的内容、深层含义""A-5(2) 体味重要语句的含义，理解重要语段的内容"等能力。但学生在这些能力要素上的得分均较低，可见学生对古诗词和名著的学习仅仅停留在机械记忆和捕捉信息的层面，语句含义和深层内容的理解能力是有所欠缺的。

从进阶情况看，通过得分率我们会发现一个令人意外的现象，很多学生在

A-5 能力点上的得分率是随年级增长而下降的，在某种程度上可以说明，随着年级的增长，学生对文化积累的重视程度是降低的，仅仅希望通过死记硬背来得到课内背诵的分数。

古诗词和经典名著是中华传统文化的精华，是民族精神赖以生存的土壤，中学语文教育应该提高对文化积累的重视程度，让学生广泛阅读，大量积累，不断提高自身的文化素养。与此同时，学生要改变传统的机械记忆，结合对内容的理解和具体语境进行记忆，并能将学过的知识灵活应用于日常生活当中。

随着基础教育课程改革的深入发展，教材管理政策的出台、实施，教材的选择性与开放性将更明显。对教材较为依赖的测评方式的改革也势在必行，在熟记经典诗文的基础上，注重感悟、理解，并结合现实生活进行创造性运用的开放性试题，将会是未来的发展方向。

(二)强化阅读教学，提高阅读能力

学生在阅读主题上的表现较差，其中，文学类阅读得分率最低，出现这种现象的原因可能是：相对于文言文阅读和实用类阅读，文学类阅读更侧重学生的感悟与观点的表达，能力层级主要集中在 B(实践应用)、C(创新迁移)上。

在阅读过程中，要培养学生提出问题、独立思考的能力，使学生能够不再停留于文本表面，而是深入挖掘文本的深层含义，分析不同文本之间存在的内在逻辑关系，将阅读材料与实际经验之间建立起联系。引导学生从不同的角度思考问题，发散思维，不局限于文本、上下文、题目当中，而是与现实生活中的具体问题结合，将理论与实践结合。

要想真正提高阅读能力，还要通过大量的阅读。初高中阶段是吸收、积累的黄金时期，教师要充分发挥引领作用，以教材为起点，扩充大量的阅读材料和相关书目，调动学生的阅读兴趣，使学生在阅读中思考，表达自己的观点和见解，逐步养成良好的阅读习惯。同时，提高学生对阅读的重视，使学生明白：阅读的越多，知道的就越多；知道的越多，思维就越宽广；思维越广阔，在表达和做出选择的时候，声音就越有力量。

(三)培养创新迁移能力，促进学生思维发展

从测查的核心能力来看，学生在创新迁移能力上的表现最差，学生普遍不能进行深入思考，如结合情景、文本对比、历史与现代对比这类需要深入思考的问题，得分情况都不尽如人意，而且随着年级的升高，创新迁移能力递增缓慢。

当下的语文教学中，无论是国家层面还是社会层面、学校层面，甚至学生自己也意识到创新迁移能力的重要性，但是在具体实践中却始终没有太大的效果。出现这种现象，归根到底是学生思维的僵化，日复一日模式化、规矩化的教学反作用于学生的思想，只会形成封闭单一、静止的思维模式。

教师在教学过程中应当首先明确"创新"一词的概念和含义，充分结合学情和教学条件设计教学活动，帮助学生树立创新意识、培养创新精神，训练创新思维和创新表达的能力，提高学生的创新迁移能力。

创新迁移能力的培养不是一两节课就能解决的问题，它需要长时间潜移默化的引领和渗透，知识的增加、视野的开阔、灵活的思考是创新迁移能力的基础，沉浸在题海战术和答题技巧中只会适得其反。教育培养出的学生不应该是一个个大小规格一致的零件，而应该是长短粗细不一的禾苗。在语文学习的过程中，教师与学生都应该具有多角度看待问题的意识，不唯"标准答案"是从，打破权威论，将课内与课外结合，打通不同学科，培养开放性、深刻性和敏捷性的思维品质。

除了以上几点启示，根据中学生学科能力测评项目的理论框架与测试结果，我们可以为进一步的语文教学提出如下建议：

1.深化对学科本体的分析，关注学科内容的认识发展价值和应用价值。例如，深入认识优秀诗文、经典名著，特别是中国传统文化对学生成长的价值和意义，并探讨积累内容主题的有效教学策略；重新认识应用文写作和实用类阅读在语文教学中的地位，并进行相应的教学实践。

2.从主题内容、学科能力两个维度对学习者进行分析。

3.转变教学理念，将"以具体知识落实为本"的教学转化为以"促进学生认识

发展为本"的教学。具体如下：

（1）通过学生对研究对象的主观自述、对问题的分析与阐释、观察学生在探究活动中的行为表现，来探查学生的已有认识。在探查设计及实施过程中，教师应明确探查目的，并对学生已有认识进行科学评价。

（2）通过对教学内容的分析、课前测查、课后作业测验的反馈分析和课堂观察捕捉学生学习的障碍点。

（3）设计出符合学生认识发展脉络的问题线索和活动线索，在教学实施过程中，要将教学活动的主体放在对核心问题的探讨上。在进行问题和活动的设计与实施时，其关注点应从"如何获取知识？活动的形式是什么"发展为"如何提升学生的核心学科能力"，应从围绕"知识"设计问题和教学流程转变为围绕"能力提升"设计问题和教学流程。

（4）基于学科能力要素设计学习活动。例如，在阅读教学中，要增加信息提取、分析概括、领会理解、解释推断等学习活动；在写作教学中，要设计观察注意、应用交际、发散创新、批判赏析、内化完善等不同类型的活动。

（5）选取恰当的例证为学生能力提升提供支持。在选取例证时，要针对学生认识发展的障碍点和关键点。在使用例证时，要注意提供例证的时机，有时需要在问题提出时提供例证，帮助学生开始思考；有时需要在学生遇到困难时提供例证，帮助学生实现认识发展。

（6）在课堂总结阶段，教师除了进行具体知识的小结外，还应关注对学生的认识发展情况进行小结。

（7）在巩固练习阶段，教师在选择或设计问题时应从"巩固落实具体知识"转变为"实践、固化新认识"。

4. 在语文探究活动的教学中，需要为学生提供主动参加多样化的语文核心活动的机会，包括演讲、辩论赛、话剧表演、踏青、基于历史文化古迹的专题性学习等。

5. 在高中语文教学中，可适当采取专题教学策略，基于网络信息技术，对教材、网络资源进行选择、重组，构建个性化、多层次的课程资源，变"以文本为指向的单篇教学"为"以学生问题为指向的专题教学"。

6. 在学校办学层面，增强对县镇学校、民办学校等学生能力表现明显薄弱的学校的扶持力度。除了提供更丰富的教育资源（包括师资力量）之外，引发上述类别学校对学生学科能力发展的关注和思考以及加强针对特定层次学生能力培养方式的探索同样重要。该部分学生能力表现整体上多居于低水平，且较为基础的学习理解能力表现与其他群体落差最为明显，因此可以从改进学生学习理解能力层面的教学入手，促进更多低水平学生向较高水平发展，从而改善 SZ 市十年级学生能力分化现状。

7. 建议增强区际交流，区 44 学生学科能力表现整体具有明显区域优势，在影响因素问卷中的表现也优于大多数区域，该区教育教学模式中指向学生学科能力培养的特点亟待进一步总结和交流。其相关经验可供同等水平及相对薄弱水平的区域借鉴。

8. 从学校学制层面，完全中学学生在学科能力和各影响因素中表现均较好，其内在原因值得进一步研究和借鉴。

第二节　语文学科能力表现影响因素研究的结论与启示

一、结论

（一）大多数影响因素变量对语文学科能力有重要影响

通过相关分析可以看出，研究中考查的绝大多数因素变量与语文学科能力呈显著的正相关关系，包括学生的非智力因素（学习动机水平、自我效能、情感态度、意志力）及元认知、学生的语文教学活动、家庭资源、学校资源和学校校风等因素变量。因此，这些因素变量需要一线教师特别关注。

对影响学生学科能力的四个非智力因素及元认知进行回归分析，可以看出，学生的非智力因素及元认知五个变量中，对学生学科能力影响最大的是元认知（β＝0.123），其次是自我效能（β＝0.121），再次是动机水平（β＝0.114），相比这三个因素，意志力（β＝－0.110）和情感态度（β＝－0.044）对学生语文学科能力影响极为有限。

学生的三类语文教学活动中，实践应用活动的频率对学生语文学科能力的影响最大（β＝0.196），其次是创新迁移活动（β＝0.054），相比之下，学习理解活动的影响则极为有限（β＝－0.096）。

研究还发现家庭社会资本、学校资源、学校校风、同伴支持、师生关系等因素与学生语文学科总能力及各项分能力均呈显著正相关关系，表明这几个因素对学生的语文学科能力有普遍的重要影响。

此外，周课时对学生能力影响关系较大。且结合不同水平学生的表现来看，发现高一年级每周语文课时数为5时，其对应的学生样本的语文学科ABC能力最高，继续往上增加课时的时候，能力值开始降低。但是当按照不同水平去测试学生情况时，发现水平E的学生（即低水平）和水平C的学生周课时为7~9节时，学生能力值最高。水平D和水平B的学生最佳课时数为6节，水平A的学生最佳课时数为5节。

（二）大多数影响因素表现处于中等略偏上水平

综合分析学生整体反映出来的在各影响因素上的表现情况，大抵可以看出，大多数影响因素表现处于中等略偏上水平。如学生动机平均水平处于水平四，即积极水平。情感态度、元认知和意志力等学生表现均处于中等略偏上水平。教学活动方面，学生认为自己在语文学习中进行的实践应用型活动的频率最高。并且学生认为自己在语文学习中进行内化完善类学习活动的频率是所有学习活动频率最高的。

家庭社会资本、学校资源、学校校风、同伴支持、师生关系等因素的水平相比学生的非智力因素、教学活动以及教师的教学表现水平均高，虽然还有进一步提升的空间，但至少让人欣慰地感受到这些学生的学习环境是比较良好和正向的。

(三)不同群体学生在很多影响因素表现上存在显著差异

分析发现，以 SZ 市不同群体的十年级学生为例，其在很多影响因素的表现上，存在显著差异。

1. 不同性别的差异：女生在动机水平、自我效能、元认知、教学活动、家庭社会资本、学校资源、学校校风、师生关系等因素上均比男生好，且均存在显著差异。不过在意志力、情感态度上，男生表现比女生要好。

2. 不同户籍的差异：SZ 户籍学生在自我效能、实践应用教学活动、创新迁移教学活动、家庭社会资本、学校资源、学校校风等因素上的表现显著高于非SZ 户籍学生，但在动机水平、情感态度、元认知、意志力、学习理解教学活动、师生关系等因素上，二者并不存在显著差异。

3. 不同学校性质的差异：公办学校的学生在动机水平、元认知、实践应用教学活动、创新迁移教学活动、家庭社会资本、学校资源、学校校风、同伴支持、师生关系等因素上显著比民办学校表现好，在自我效能、情感态度、意志力、学习理解教学活动等因素上，二者不存在显著差异。

4. 不同学校地域的差异：城市地区学校的学生在动机水平、自我效能、元认知、实践应用教学活动、创新迁移教学活动、家庭社会资本、学校资源、学校校风、同伴支持、师生关系等因素上表现比县镇学校学生好，且各影响因素差异均显著。

5. 独生与非独生子女的差异：除意志力以外，独生子女在各影响因素上的表现比非独生子女好，且差异均显著。

6. 单亲与非单亲家庭的差异：非单亲家庭学生仅在意志力和家庭社会资本上的表现显著好于单亲家庭学生，在其他影响因素上二者不存在显著差异。

7. 不同学制类型的差异：完全中学在动机水平、自我效能感、元认知、家庭社会资本、学校资源、学校校风、同伴支持、师生关系等因素上显著好于高级中学，在其他因素上，二者不存在显著差异。完全中学在动机水平、元认知、家庭社会资本、学校资源、学校校风、同伴支持、师生关系等因素上显著好于 12 年一贯制中学，在情感态度、意志力、学习理解活动上显著差于 12 年一贯制中学，在其他影响因素上，二者不存在显著差异。12 年一贯制中学在情感态度、意志力、三类教学活动上均显著好于高级中学，在家庭社会资本、学校资源、学校校风、同伴支持、师生关系上均差于高级中学，在其他影响因素上二者不存在显著差异。

8. 不同区域的差异：不同区域也存在明显的差异，区 44 比其他区域显著表现好，区域 49 显著比其他区域表现差。

(四)教师教学与学生感知存在较大的剪刀差

对比分析学生感知到的教师教学因素如教学活动频率与教师自认为其在教学中使用的频率情况可以看出，教师自评与学生评价的确存在较大差异，表现出明显的不同步性。这值得一线教师在以后的语文教学中注意。

教师自我评价水平明显高于学生对教师的评价水平。在教学活动方面，教师对自己的评价得分均在 4 左右，而学生评价得分在 3 左右，教师自我评价明显高于学生。

二、启示

(一)给学生充分的课外阅读时间

通过相关分析可以知道，学生语文学科能力的培养除了教师的有效引导之外，更重要的是学生自己的学习吸收，大量的课外学习时间与学生的语文能力有显著的正相关，相反，大量的课外辅导与学生的语文能力有显著负相关。作业量的多少不会影响学生的语文能力，由此可见，教师应该多给学生课外阅读的时间，而不是通过大量与能力没有显著相关的作业来占用学生课外阅读的时间；同时，作业的难度与学生的能力呈负相关，教师在布置作业的时候不应该将作业难度设置过高。一个人语文素养的高低不在于能够解答多难的试题，这是人文学科与理工学科的不同之处，要更加注重学生的文化底蕴和情感体验。

(二)教师可适当增加探究性教学活动

在回归分析中我们发现，探究性教学活动是影响总能力、实践应用能力和创新迁移能力的重要因素。而且，实践应用认知活动也是与语文学科能力相关性最高的认知活动，由此可知，在教学中要多给学生一些时间和空间来学习语文，教师不能剥夺学生实践的机会，要多一些引导，以及探究性的教学活动，让学生有充分的时间和空间去获得自己的情感体验。

(三)协同提升各语文学科能力影响因素的水平

学生的语文学科能力是多种因素变量共同影响的结果，绝非单一或几个因素就可以决定的。分析显示，不同的区域、学校在某些因素变量上可能表现出较高的水平，但在另外一些因素变量上则可能较低，这无疑会对学生的语文学科能力产生不良影响。因此在今后的语文教学中，我们应注意充分关注学生语文学科能力影响因素变量系统，协同提升各影响因素的水平，从而有效提升学生的语文学科能力。

(四)加强教师教学观念向教学行为转化的培训和引导

师生对语文教学中相同维度因素变量感知的差异，除了师生思维和认识的不同步外，还可能因为教师的观念与其行为之间存在较大的不同步性，教师无法将自己观念准确地转化成有效的教学行为。即教师虽然知道设计高认知水平的学习活动对学生的语文学科能力培养和提升有很大帮助，自己也想设计较多的实践应用活动、创新迁移活动，但是转化成实际的教学时，却产生效果流失。因此，要真正有效提升学生的语文学科能力，教师教学观念向有效教学行为转化的培训和引导亟待加强。

(五)重视学校资源与校风建设，营造良好的同伴支持氛围

教育管理者和学校管理者应更加重视学校资源和学校校风建设，并在学校为学生营造(或引导学生建立)良好的同伴支持氛围。上述三项是本次问卷调查中发现的与学生能力表现相关系数较高的学校层面因素。

第三节 促进语文学科能力发展的教学改进研究的结论与启示

一、教学改进是促进学生语文核心能力发展的有效途径

促进学生语文核心素养与关键能力提升的课堂教学改进项目以中学生语文核心能力指标体系为依据，以促进学生语文核心能力发展为目标指向。经过持续性的教学改进，学生的多项语文核心能力均获得了提高，学生的学习兴趣、学习动机、学习自主性也得到了提升。

二、专题教学是与中学生语文能力提升相适应的教学方式

相较于传统单篇教学碎片化、重复化、少慢费差的缺陷，专题教学更具整合性、辐散性、综合性、实践性。或者以文解文，或者以类相缀，通过专题教学方式，教师能够引导学生从小处切入，牵一发而动全身，能够带领学生透过一扇小窗户，看到外面的大千世界。专题教学立足于学生的真实问题，其教学内容的选择和确定以解决学生遇到的真实问题为指向，把学生在语文学习过程中遇到的真实问题作为学生的起点和增长点，最终使学生获得成长。在专题教学方式下，学生踊跃参与课堂讨论与成果展示，其个性与自主性充分展示，语文能力也得以提升。

三、教师应关注学生的典型经验，设计教学活动

专题教学方式下，中学生语文核心能力的提升应以真实具体的情境为场域，以学生的典型经验为载体。只有将学生的生活与学习结合起来，将其主体精神融入语文中，其语文学习的积极性与创造性才能充分迸发出来。因此，教师在专题的选择下应关注学生，既不能忽视学生间的类别概念，同时还要关注学生的个性思考。选择和确定学生的典型经验时，要寻找到最能启发学生灵魂、打开学生思

维的点。教师在设计教学活动时，应从语言运用与建构、思维训练与提升、审美鉴赏与创造、文化理解与传承等方面考虑，使教学活动更加丰满。在具体教学实践中，教师要灵活运用精彩回放、过程性跟进与指导、速读跳读等方法指导，使教学活动扎实而多样。

后 记

近两年，"核心素养"备受关注，正在修订的各学科高中课程标准都在呈现这方面的内容。语文素养是学生在积极的语言实践活动中构建起来，并在真实的语言运用情境中表现出来的语言文字运用方式及其品质；是学生在语文学习中获得的语言知识与语言能力，思维方法和思维品质，情感、态度与价值观的综合体现。"语文核心素养"是指语文素养的核心要素和关键内容，主要包括"语言建构与运用""思维发展与提升""审美鉴赏与创造""文化传承与理解"四个方面。

与此同时，十多年的基础教育课程改革，通过学科课程标准和中高考考试大纲等重要文件提出了新课程背景下的学科素养和能力培养要求。《国家中长期教育改革和发展规划纲要(2010—2020年)》指出要提高基础教育的质量，着力培养学生的学习能力、实践能力和创新能力。可以说，在课程改革的路上，我们走过了懵懂的尝试期，遇到了诸多的困惑与不解，积累了丰富的实验研究经验，并一直走在这条路上，试图探寻实践课程改革的有效途径。而对于基础教育课程改革而言，"评价"是关键环节之一，它能够相对准确地反映出学生的学业能力与教师的教学质量，甚至是我国基础教育的发展状况。

语文学科素养是"四位一体"，内化的个体语言经验和个性品质无法成为测试的维度，学生的语文素养水平要依托具体的语文实践活动，实践活动需要在具体的情境中发生，因而在学生的学科能力表现中测查学生的学科素养是我们进行的一项大胆尝试。

从2011年起，我们在"评价"领域进行了一些探索，回望我们的研究之旅，一路走来，得到了太多人的关注和支持。在他们的引导、激励和关注中，我们才拥有现在的进展与成果，在此都一并表示感谢。

感谢各项目校对我们课题研究的支持。感谢朝阳区教研中心何郁老师、陈洪老师、凤潇老师、方雪葳老师，海淀区教师进修学校姚守梅老师、杨华老师、夏满老师，北京教育学院丰台分院管然荣老师、谢政满老师、富霄菱老师，以及深圳市的教育部门相关领导及教研员老师们的精心组织协调，使得每次的数据采集及教学改进都能够顺利完成。

感谢北京市朝阳区工大附中毕于阳老师、王晓军老师、翟伟星老师、惠延老师；人大附中朝阳学校廖瑾老师、高传利老师、陈朝颖老师、安莉莉老师、李永宁老师；日坛中学张滨滨老师、陶然老师、周清扬老师；化大附中冯天林老师；北京育英学校航天校区李冬梅老师、冷春晖老师、万思老师、柳鸿雁老师；北京中关村中学刘艳老师、雷莹老师、周岩老师、肖峰旭老师、李瑾老师、李强老师、孙爱莲老师、于玉贵老师；北京十中李朝晖老师、陈淑芬老师；丰台八中刘玉舒老师、王琴老师、韩振泳老师、张倩男老师等；感谢老师们对项目组的支持，在教学改进过程中，一次又一次的试讲、集体备课、再试讲、再磨课……老师们在日常教学之余，关注提升自身的教学水平，走在教育改革的最前沿，不断探索，从自己的每一堂课开始，从每一次教育行为、每一个教育细节开始，一起改变着我们的教育存在。为这些追求卓越的一线老师们点赞！

感谢参与到项目最初框架设计，到测试工具研发再到数据分析、反馈，以及后期教学改进过程中的同仁们、学生助理们，他们是北京教育学院吴欣歆老师，首都师范大学张燕华老师，北京教育科学研究院基础教育研究中心刘宇新老师、王彤彦老师，北师大二附中李煜晖老师，人民教育电子音像出版社李婧老师，人大附中马曼曼老师，对外经贸大学附中关惠文老师，北京十一学校齐韵涵老师，北科大附中魏冰涵老师，以及北师大在校生任刚、任洪婉、孙名瑶。在项目研究过程中，他们的参与，为研究注入了很多新的想法，也承担了大量具体的工作，使得项目研究得以顺利开展。其中，特别感谢张燕华老师，她在项目研究过程中曾以学科首席专家的身份为我们分担了很多工作，也积极参与到本书撰写过程中，提出了很多宝贵的建议。

感谢整个学科能力项目团队，在王磊教授的牵头下，九大学科共同探讨学科教育评价的有效方式，共同为课程改革做着一些有意义的探索，携手同行，上下求索。

这本书只是一个开始，接下来也会有越来越多的项目校加入教学改进中，与我们共同进行一些大胆的尝试。由于时间关系和研究水平所限，书中的不足与不当之处在所难免，敬请各位专家和读者批评指正。

春寒料峭中，玉兰花已安静地绽放，每一个花瓣上都凝着一层淡淡的从容。教育改革没有终点，路漫漫其修远兮，要少些抱怨，多些实干，踏踏实实做人，认认真真做事。我们不能主宰世界，但我们的努力或许能让世界有些许的变化，希望我们在改革路上的每一步都能够多一分从容淡定，少一分急功近利。

郑国民

2017 年 4 月于北京